基金项目：广州市哲学社会科学发展“十三五”规划2019年度青年学人课题（2019CZQN38）、河南省社科规划项目（2019CJJ071）、河南省自然科学基金项目（212300410326）、河南省社科规划决策咨询项目（2021JC11）、河南省高校哲学社会科学应用研究重大项目（2022－YYZD－02）、河南省教育厅人文社会科学研究一般项目（2019－ZZJH－025）

区域金融风险度量、预警与防范化解研究

——经济关联网络视角

郭 方 著

中国财经出版传媒集团
中国财政经济出版社

图书在版编目（CIP）数据

区域金融风险度量、预警与防范化解研究：经济关联网络视角／郭方著．—北京：中国财政经济出版社，2022.5

ISBN 978-7-5223-0988-0

Ⅰ.①区… Ⅱ.①郭… Ⅲ.①区域金融-金融风险防范-研究-广州 ②区域金融-金融风险防范-研究-河南 Ⅳ.①F832.765.1 ②F832.761

中国版本图书馆CIP数据核字（2021）第249226号

责任编辑：彭 波　　　　责任印制：史大鹏
封面设计：卜建辰　　　　责任校对：胡永立

中国财政经济出版社 出版

URL：http：//www.cfeph.cn

E-mail：cfeph@cfeph.cn

社址：北京市海淀区阜成路甲28号 邮政编码：100142

营销中心电话：010-88191522

天猫网店：中国财政经济出版社旗舰店

网址：https：//zgczjjcbs.tmall.com

北京财经印刷厂印刷 各地新华书店经销

成品尺寸：170mm×240mm 16开 14印张 215 000字

2022年5月第1版 2022年5月北京第1次印刷

定价：68.00元

ISBN 978-7-5223-0988-0

（图书出现印装问题，本社负责调换，电话：010-88190548）

本社质量投诉电话：010-88190744

打击盗版举报热线：010-88191661 QQ：2242791300

前　言

金融风险防范化解已经成为世界各国关注的重要课题。随着我国经济发展进入“新常态”，经济社会改革不断深化，金融与经济的融合程度不断加深，地区金融风险累积问题日益突出。如果区域金融风险未能及时发现并得以化解，将会对全国经济社会发展和金融安全造成威胁，甚至会引发金融危机。因此，区域金融风险防范化解显得尤为重要。

本书从经济关联网络视角出发，对国内外相关研究进行述评，界定区域金融风险内涵，阐述我国主要区域金融发展现状及面临的金融风险。根据利益相关者理论、金融契约理论和资产负债管理理论，以实体企业、地方政府、金融机构和家庭部门等区域经济主要部门为主体，构建区域经济关联网络，分析经济部门内部和部门之间的关联关系，研究区域金融风险生成机制。在构建区域金融风险指标体系、赋权方法和预警模型的基础上，以广州市和河南省为例，度量、预警不同区域范围的金融风险。借鉴国内外相关经验，创新区域金融风险防范化解宏观机制、微观机制和耦合机制，提出有针对性的区域金融风险防范化解对策建议。

第一章绪论。从金融经济危机、金融风险事件发生背景出发，分析我国经济环境变化、区域经济发展差异以及金融风险防范化解策略，阐述本书的研究意义、研究内容、研究方法以及主要创新点。

第二章国内外相关研究述评。本章梳理国外的金融风险影响因素、度量预警，以及国内的区域金融风险生成、度量与预警、防范化解等方面的文献，并进行相应的述评。

第三章区域金融风险概述。本章界定区域金融风险内涵，梳理区域金融风险分类、特征与影响，阐述我国东部沿海地区、中西部地区以及主要省区市金融发展现状，分析主要区域面临的金融风险，探析典型区域金融风险事件。

第四章基于经济关联网络的区域金融风险理论分析。本章以利益相关者理论、金融契约理论、资产负债管理理论为基础，分析区域金融风险。构建并分析涵盖实体企业、地方政府、金融机构和家庭部门等利益相关方的区域经济关联网络，研究区域金融风险生成机制。

第五章区域金融风险指标、赋权方法和预警模型。本章提出区域金融风险指标确定原则，确定经济环境、实体企业、地方政府和金融体系等方面的区域金融风险指标，梳理熵值法、多元统计分析法、变异系数法、层次分析法等风险指标赋权方法，比较早期风险预警模型和创新型风险预警模型，为构建适合不同区域的金融风险度量与预警体系提供参考。

第六章区域金融风险度量与预警研究广州市案例。本章根据广州市金融机构存贷款、证券业、保险业等相关数据，分析广州市金融行业发展现状。选取经济环境、实体企业、地方政府、金融体系等关联风险指标，建立广州市金融风险指标体系。估算并评价广州市金融风险水平以及经济环境、实体企业、地方政府、金融体系等方面的风险水平。采用耦合协调模型，计算广州市实体经济风险与金融体系风险之间的发展度和耦合度，分析两类风险之间的耦合协调关系。基于信号灯风险预警模型，对广州市金融风险进行预警。选取广州市典型金融机构，分析其面临的风险、风险管理制度和组织架构，构建金融机构风险指标体系，对典型金融机构进行风险度量与预警。

第七章区域金融风险度量与预警研究河南省案例。本章根据河南省社会融资、信贷、证券和保险等方面数据，分析金融业发展情况、面临的风险以及防控现状。采用河南省经济环境、实体企业、地方政府、金融体系等关联指标，建立河南省金融风险指标体系。根据层次分析法和熵值法对关联指标和细分指标赋予权重，度量河南省金融风险水平以及经济环境、实体企业、地方政府、金融体系风险，并进行相应的风险分析。根据耦合协调原理，研究河南省实体经济风险与金融体系风险之间的发展度和耦合度，分析实体经济风险与金融体系风险之间的耦合协调关系。阐述金融豫军发展状况、面临风险和风险管理情景，构建金融豫军风险指标体系，度量金融豫军风险水平并进行风险预警。

第八章区域金融风险防范化解研究。本章借鉴美国、英国、澳大利亚、日本等国家以及我国北京、上海、温州、金华等地金融风险防范化解经验，吸取可供复制的风险识别原理和防控方法。从宏观、微观和耦合等方面创新区域金融风险防范化解机制：通过巩固区域金融安全防线、优化风险应急处置方案、强化金融风险属地监管、建立健全风险信息系统等，创新区域金融风险防范化解宏观机制；通过改善中小企业金融服务、防控金融科技应用风险、加强金融机构内部治理、完善风险识别预警体系等，创新区域金融风险防范化解微观机制；推进巩固区域金融安全防线与改善中小企业金融服务耦合机制创新，优化风险应急处置方案与防控金融科技应用风险耦合机制创新，强化金融风险属地监管与加强金融机构内部治理耦合机制创新，以及建立健全风险信息系统与完善风险识别预警体系耦合机制创新。提出“及时有效地化解处置高风险状况，基于数据信息加强金融风险监管，实时追踪区域金融风险潜在隐患，持续创新中小企业金融产品服务，提升金融机构的治理与风控能力，协同推进宏观政策监管与微观治理创新，协同推进经济金融发展与风险防范化解”等对策建议。

第九章结论与讨论。本章归纳概括本书的主要研究结论，指出存在的不足之处，展望进一步研究的方向。

目　录

第一章

绪　论

第一节

研究背景与意义

一、研究背景

1929~1933 年的美国经济大萧条、1987 年的美国股灾、1997 年的亚洲金融危机、2001 年的美国互联网泡沫，以及 2007~2009 年的全球金融危机，都属于因典型金融风险所引发的重大经济金融危机，对相关国家金融乃至全球经济发展均造成了非常严重的冲击和负面影响。国内也经历了一些由于金融风险防范化解存在问题而引起的风险事件，如 1998 年海南发展银行因为出现严重的支付危机而造成的破产事件。

近些年来，金融风险防范化解已经成为世界各国关注的重要课题。随着我国经济发展进入新常态，经济社会改革不断深化，金融与经济的融合程度不断加深，地区金融风险累积问题日益突出。如果区域金融风险未能及时发现并得以化解，将会对全国经济社会发展和金融安全造成威胁，甚至会引发金融危机。因此，区域金融风险防范化解显得尤为重要。

2016~2019 年，我国主要省区市生产总值稳步增长，不同省区市之间的经济差异逐步增大，东部沿海地区经济发展水平普遍较高，中西部地区经济发展水平相对偏低。2019 年广东省的生产总值已突破十万亿元大关，而西藏自治区的生产总值却仅有 1697.82 亿元（见表 1－1）。不同省区市之间的资源禀赋不同，产业发展战略和经济结构也存在着较大差异，其经济发展水平也存在着一定差异。受经济发展差异影响，区域金融发展水平也存在着较大差异，面临的金融风险也各不相同，因此需要因地制宜地开展金融风险研究。

2020 年，新冠肺炎疫情重大公共风险事件对我国经济社会发展产生严重冲击，主要影响到消费、进出口、投资等各个领域，对房地产开发、民营企业发展、制造业投资也产生了非常大的冲击。疫情对消费领域的冲击最为直接，尤其是对交通运输、餐饮酒店、影视娱乐、旅游文化等需求弹性较大的消费领域影响最为突出。受疫情防控严格管控措施的影响，进口和出口贸易下行压力大幅增加。相对而言，疫情对固定资产投资领域的影响较小。

从 2020 年各主要省区市生产总值的增长率来看，湖北省经济增长率为负值，受新冠肺炎疫情的影响最大。其他省区市的经济增速均有不同程度下降，受疫情影响都很严重（见图 1－1）。由于受区域经济发展增速放缓等因素的影响，区域金融发展情况如何，区域金融风险水平如何，有何变化趋势？这些焦点问题都需要全面系统的研究。

表 1－1　2016～2020 年全国各主要省区市生产总值情况一览　单位：亿元

主要省区市	2016 年	2017 年	2018 年	2019 年	2020 年
北京	25669.13	28014.94	30319.98	35371.28	36102.60
天津	17885.39	18549.19	18809.64	14104.28	14083.73
河北	32070.45	34016.32	36010.27	35104.52	36206.90
辽宁	22246.90	23409.24	25315.35	24909.45	25115.00
上海	28178.65	30632.99	32679.87	38155.32	38700.58
江苏	77388.28	85869.76	92595.40	99631.52	102719.00
浙江	47251.36	51768.26	56197.15	62351.74	64613.00
福建	28810.58	32182.09	35804.04	42395.00	43903.89
山东	68024.49	72634.15	76469.67	71067.53	73129.00
广东	80854.91	89705.23	97277.77	107671.07	110760.94
海南	4053.20	4462.54	4832.05	5308.93	5532.39

续表

主要省区市	2016 年	2017 年	2018 年	2019 年	2020 年
山西	13050.41	15528.42	16818.11	17026.68	17651.93
吉林	14776.80	14944.53	15074.62	11726.82	12311.32
黑龙江	15386.09	15902.68	16361.62	13612.68	13698.50
安徽	24407.62	27018.00	30006.82	37113.98	38680.60
江西	18499.00	20006.31	21984.78	24757.50	25691.50
河南	40471.79	44552.83	48055.86	54259.20	54997.07
湖北	32665.38	35478.09	39366.55	45828.31	43443.46
湖南	31551.37	33902.96	36425.78	39752.12	41781.50
重庆	17740.59	19424.73	20363.19	23605.77	25002.79
四川	32934.54	36980.22	40678.13	46615.82	48598.80
贵州	11776.73	13540.83	14806.45	16769.34	17826.56
云南	14788.42	16376.34	17881.12	23223.75	24521.90
西藏	1151.41	1310.92	1477.63	1697.82	1902.74
陕西	19399.59	21898.81	24438.32	25793.17	26181.86
甘肃	7200.37	7459.90	8246.07	8718.30	9016.70
青海	2572.49	2624.83	2865.23	2965.95	3005.92
宁夏	3168.59	3443.56	3705.18	3748.48	3920.55
新疆	9649.70	10881.96	12199.08	13597.11	13797.58
广西	18317.64	18523.26	20352.51	21237.14	22156.69
内蒙古	18128.10	16096.21	17289.22	17212.53	17359.80

数据来源：《中国统计年鉴》（2017～2021 年）。

2018 年 4 月，中央财经委员会第一次会议明确提出“打好防范化解金融风险攻坚战”。2019 年底，中央经济工作会议指出“‘三期叠加’影响持续深化，经济下行压力加大”“必须强化风险意识，牢牢守住不发生系统性风险的底线”。2020 年政府工作报告要求“加强重大风险防控，坚决守住不发生系统性风险底线”。在新冠肺炎疫情暴发等重大风险事件冲击以及加快构建国内国际双循环新发展格局背景下，我国经济形势依然复杂严峻，防范化解重大风险，尤其是防范化解金融风险显得尤为重要和紧迫。

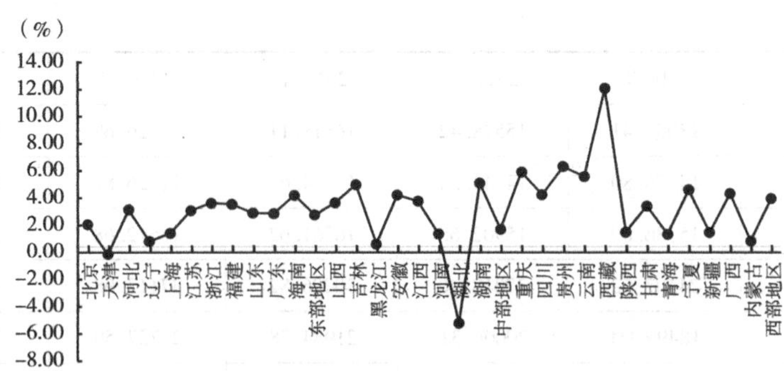

图1-1　2020年全国各主要地区生产总值增长率

数据来源：根据《中国统计年鉴》(2021年)数据整理而成。

不同区域经济发展水平和产业发展战略的差异较大，金融风险在某一区域累积可能演化成区域风险，风险不断累积、传染可能引致系统性风险，对金融体系、实体经济和国家安全将产生重要影响。因此，从经济关联网络视角出发，构建区域金融风险指标体系，度量、预警区域金融风险，创新区域金融风险防范化解机制，有利于更好地防控区域金融风险，促进金融与区域经济良性健康发展。

二、研究意义

随着金融风险理论分析和实践研究的逐步深入，实体经济对金融风险生成的影响研究将不断增多，同时也将会有更多的跨学科研究方法应用于金融风险分析中。因此，从经济关联网络视角出发，研究区域金融风险度量、预警与防范化解具有重要意义。

(一) 理论意义

一是针对金融支持区域实体经济发展和金融体系内部存在风险以及潜在风险隐患，以区域经济关联网络为突破口，研究区域金融风险生成机制，推动金融风险理论研究“区域化”。二是创造性地利用利益相关者理论、金融契约理论、资产负债管理理论等，系统研究区域经济部门之间和部门内部的关联关系，分析区域金融风险相关问题，丰富区域金融风险研究新内容。三是从经济环境、实体企业、地方政府、金融体系等区域经济领域出发，选取并确定区域金融风险度量与预警指标，构建区域金融风险指标体系，进一步深化区域金融风险研究。

（二）实践价值

一是区域金融风险度量与预警价值。根据区域金融风险指标确定情况、风险指标赋权方法和风险预警模型，以广州市、河南省为例，进行市域、省域等不同层面的风险度量与预警研究，有利于全面深入分析不同区域范围经济社会发展所面临的金融风险。二是区域金融风险防范化解机制创新价值。从宏观机制、微观机制以及宏观微观机制耦合等方面创新区域金融风险防范化解机制，有利于及时防范化解区域金融所面临的复杂多变的风险隐患，促使区域经济社会健康稳定发展。三是区域金融风险防范化解对策建议价值。根据区域金融风险理论与实证研究情况，提出有针对性的区域金融风险防范化解对策建议，推动区域金融体系健康发展，以便于更好地发挥金融支持区域经济社会发展的作用。

第二节 研究内容与方法

本书从经济关联网络视角出发，对国内外相关研究进行述评，界定区域金融风险内涵，阐述我国主要区域金融发展现状及面临的金融风险。根据利益相关者理论、金融契约理论和资产负债管理理论，以实体企业、地方政府、金融机构和家庭部门等区域经济主要部门为主体，构建区域经济关联网络，分析经济部门内部和部门之间的关联关系，研究区域金融风险生成机制。在构建区域金融风险指标体系、赋权方法和预警模型的基础上，以广州市和河南省为例，度量、预警不同区域范围的金融风险。借鉴国内外相关经验，创新区域金融风险防范化解宏观机制、微观机制和耦合机制，提出有针对性的区域金融风险防范化解对策建议。总体框架如图 1－2 所示。

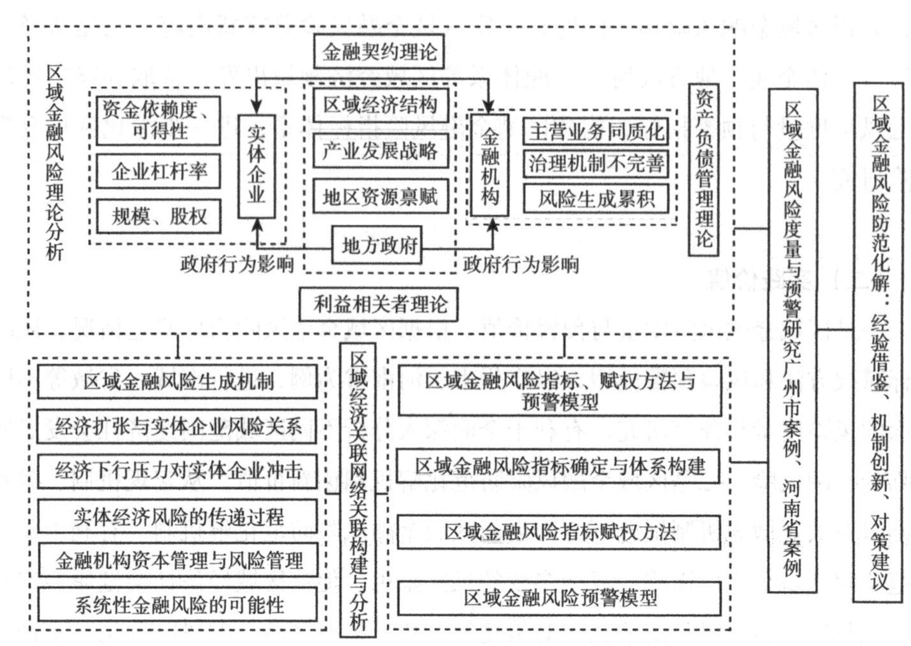

图1-2　研究框架

一、研究内容

本书包括三个部分内容。第一部分（第一章至第四章）主要阐述研究背景、研究意义、研究内容、研究方法以及主要创新点，述评区域金融风险相关研究，界定并分析区域金融风险，进行基于经济关联网络的区域金融风险理论研究。第二部分（第五章至第七章）在分析区域金融风险指标、赋权方法和预警模型的基础上，以广州市和河南省为例，度量、预警不同区域范围的金融风险。第三部分（第八章至第九章）借鉴金融风险防范化解的国内外经验，创新区域金融风险防范化解机制，提出有针对性的对策建议，以及本书的主要结论与讨论。

第一章绪论。本章从金融经济危机、金融风险事件发生背景出发，分析我国经济环境变化、区域经济发展差异以及金融风险防范化解策略，阐述本书的研究意义、研究内容、研究方法以及主要创新点。

第二章国内外相关研究述评。本章梳理国外的金融风险影响因素、度量预警，以及国内的区域金融风险生成、度量与预警、防范化解等方面的文献，并进行相应的述评。

第三章区域金融风险概述。本章界定区域金融风险内涵，梳理区域金融风险分类、特征与影响，阐述我国东部沿海地区、中西部地区以及主要省区市的金融发展现状，分析主要区域面临的金融风险，探析典型区域金融风险事件。

第四章基于经济关联网络的区域金融风险理论分析。本章以利益相关者理论、金融契约理论、资产负债管理理论为基础，分析区域金融风险。构建并分析涵盖实体企业、地方政府、金融机构和家庭部门等利益相关方区域经济关联网络，研究区域金融风险生成机制。

第五章区域金融风险指标、赋权方法和预警模型。本章提出区域金融风险指标确定原则，确定经济环境、实体企业、地方政府和金融体系等方面的区域金融风险指标，梳理熵值法、多元统计分析法、变异系数法、层次分析法等风险指标赋权方法，比较早期风险预警模型和创新型风险预警模型，为构建适合不同区域的金融风险度量与预警体系提供参考。

第六章区域金融风险度量与预警研究广州市案例。本章根据广州市金融机构存贷款、证券业、保险业等相关数据，分析广州市金融行业发展现状。选取经济环境、实体企业、地方政府、金融体系等关联风险指标，建立广州市金融风险指标体系。估算并评价广州市金融风险水平及经济环境、实体企业、地方政府、金融体系风险水平。采用耦合协调模型，计算广州市实体经济风险与金融体系风险之间发展度和耦合度，分析两类风险之间的耦合协调关系。基于信号灯风险预警模型，对广州市金融风险进行预警。选取广州市典型金融机构，分析金融机构面临的风险、风险管理制度和组织架构，构建金融机构风险指标体系，对典型金融机构进行风险度量与预警。

第七章区域金融风险度量与预警研究河南省案例。本章根据河南省社会融资、信贷、证券和保险等方面数据，分析金融行业发展情况、面临的风险以及防控现状。采用河南省经济环境、实体企业、地方政府、金融体系等关联指标，建立河南省金融风险指标体系。根据层次分析法和熵值法，对关联指标和细分指标赋予权重，度量河南省金融风险水平以及经济环境、实体企业、地方政府、金融体系风险，并进行风险分析。根据耦合协调原理，研究河南省实体经济风险与金融体系风险之间发展度和耦合度，分析实体经济风险与金融体系风险之间的耦合协调关系。分析金融豫军发展状况、面临风险和风险管理情景，构建金融豫军风险指标体系，度量金融豫军风险水平并进行风险预警。

第八章区域金融风险防范化解研究。本章借鉴美国、英国、澳大利亚、日本等国家以及我国北京、上海、温州、金华等地金融风险防范化解经验，吸取可供复制的风险识别原理和防控方法。从宏观机制、微观机制和耦合机制三个方面创新区域金融风险防范化解机制：通过巩固区域金融安全防线、优化风险应急处置方案、强化金融风险属地监管、建立健全风险信息系统等，创新区域金融风险防范化解宏观机制；通过改善中小企业金融服务、防控金融科技应用风险、加强金融机构内部治理、完善风险识别预警体系等，创新区域金融风险防范化解微观机制；推进巩固区域金融安全防线与改善中小企业金融服务耦合机制创新，优化风险应急处置方案与防控金融科技应用风险耦合机制创新，强化金融风险属地监管与加强金融机构内部治理耦合机制创新，以及建立健全风险信息系统与完善风险识别预警体系耦合机制创新。提出“及时有效地化解处置高风险状况，基于数据信息加强金融风险监管，实时追踪区域金融风险潜在隐患，持续创新中小企业金融产品服务，提升金融机构的治理与风控能力，协同推进宏观政策监管与微观治理创新，协同推进经济金融发展与风险防范化解”等对策建议。

第九章结论与讨论。概括本书的主要研究结论，指出存在的不足之处，展望进一步研究的方向。

二、研究方法

（一）定性分析和定量分析相结合

从区域经济关联网络视角出发，以金融契约理论和资产负债理论为核心，定性分析实体企业、地方政府、金融机构、家庭部门等区域经济部门之间及实体企业、金融机构内部的关联关系，研究经济环境变化背景下的区域金融风险生成机制。建立区域经济与金融数据库，定量分析我国东部、中部、西部地区以及主要省区市金融发展水平和金融风险程度高低。根据区域金融风险指标、赋权方法和预警模型，构建区域金融风险指标体系，对广州市、河南省的金融风险进行定量分析。

（二）理论分析和实证研究相结合

在区域金融风险概念界定和主要区域金融发展、金融风险分析的基础上，阐述经济关联网络视角下区域金融风险相关的利益相关者理论、金融契约理论和资产负债管理理论，形成区域金融风险研究的理论基础。依据金融契约理论和资产负债管理理论，深入分析区域经济部门关联关系，研究实体企业风险向金融体系传递以及金融机构内部风险生成累积，为区域金融风险度量、预警与防范化解研究提供理论支撑。选取广州市和河南省经济金融数据，进行市域、省域金融风险度量与预警实证研究，采用层次分析法、熵值法等进行风险指标赋权，选用协调耦合模型分析实体经济风险与金融体系风险之间的关系，采取信号灯预警模型进行金融风险预警研究。

（三）归纳概括与典型分析相结合

区域金融发展受经济环境、实体企业、地方政府、金融机构等区域经济关联方共同影响。从区域经济关联网络视角出发，依据金融契约理论和资产负债管理理论，对区域金融风险生成过程进行归纳概括，以期探寻区域金融风险生成机制。依据区域范围选择的科学性、可行性等原则，以广州市、河南省金融风险为案例研究对象，进行区域金融风险度量、预警的深入研究，并根据典型分析以及国内外经验借鉴，归纳概括创新区域金融风险防范化解机制，提出有针对性的可操作的区域金融风险防范化解对策建议。

第三节 主要创新点

一、理论层面的创新

基于经济关联网络视角，深入分析利益相关者、金融契约、资产负债管理与区域金融风险，以实体企业、地方政府、金融机构、家庭部门为主体构建区域经济关联网络，并进行相应的关联关系分析，深入研究经济环境变化背景下的区域金融风险生成机制。根据区域金融风险度量与预警的案例研究，从宏观、微观和耦合机制等方面创新区域金融风险防范化解机制，进一步丰富区域金融风险研究内容。

二、研究视角的创新

从研究视角来看，建立了包含实体企业、地方政府、金融机构和家庭部门的区域经济关联网络，进行区域金融风险生成机制分析和区域金融风险指标体系构建。区域金融风险研究不仅涉及金融体系内部的风险因素分析，而且还要将经济环境、实体企业、地方政府等关联风险指标纳入风险度量与预警范围，以便于系统地反映区域金融风险生成机制。

三、研究地域的创新

从研究地域选择来看，在区域金融风险度量与预警实证研究中，选用东南沿海发达地区的广州市以及中西部相对落后地区河南省的经济金融相关统计数据，从市域、省域两个不同的区域层面进行金融风险度量与预警研究，进一步丰富了市域、省域等区域层面的金融风险度量与预警研究。

第二章

国内外相关研究述评

由于国内外专家学者在区域界定方面存在较大差异，区域金融风险的国外研究相对较少。区域金融风险具有金融风险的一般特征，国外学者关于金融风险影响因素、度量预警等方面的研究对区域金融风险研究具有重要启示作用。国内专家对区域金融风险生成、预警等方面进行了较为全面的研究。

第一节 国外相关研究

国外学者所界定的区域是相对于全球而言的，涉及的区域主要针对东亚、西欧、拉美等较大的地理片区或经合组织（OECD）、欧盟等贸易联盟（Kenourgios and Dimitriou，2015；Seno - Alday，2015；et al.）。由此可见，国外文献中的“区域”主要是指范围较大的跨国区域，区域金融风险研究主要是指总体的金融风险，具有系统性风险特征，而专门研究区域金融风险生成机制、度量与预警的成果较少。国外学者关注不同地区商业银行等金融机构风险的影响因素研究，南部非洲发展共同体（SADC）国家的商业银行净利差、成本收入比、贷款价格、存款价格与信用风险承担行为显著相关，经济环境、通货膨胀和信贷需求对商业银行信用风险也有显著正向影响（Kassim Hussein，2009；et al.）。

一、金融风险成因研究

20 世纪 70 年代，国外学者在金融风险领域的研究逐渐增多，主要分析存款保险制度、资本监管等因素的影响（Merton，1977；Khance，1978；et al.）。近些年来，金融风险影响因素研究侧重于微观金融风险影响因素研究和系统性金融风险影响因素研究。

（一）微观金融风险成因研究

微观层面，国外学者主要分析金融机构业务经营与金融风险关系（Kent Eriksson et al.，2014；et al.）、资本管理与金融风险关系（Will Gornall and Ilya A. Strebulaev，2018；Schwert Michael，2018；et al.）、公司治理视角的金融风险（Deniz Anginer et al.，2018；et al.）以及经济金融环境对金融风险的影响等（Gertler and Kiyotaki，2015；et al.）。

商业银行风险影响因素研究是微观金融风险影响因素研究的重要组成部分，因此本部分重点综述银行风险影响因素研究。相关研究主要集中在以下几个方面：

一是信贷业务对银行风险影响研究。从企业与银行信贷契约关系来看，借款企业信用评级提高和违约率降低对银行风险降低没有显著影响（Chisasa and Joseph，2009），而依赖银行贷款融资的企业与银行信贷关系持续期越长，信用市场集中度越高，银行风险越高（Mariarosaria Agostio et al.，2011）。从银行经营管理角度来看，银行无法通过贷款销售市场降低风险（A. Sinan Cebenoyan and Philip Strahan，2001），主要通过向高风险借款人提供更高的信贷价格和更严苛的非价格条款（Philip Strahan，1999），严格遵循合适的信贷政策，认真评估信用风险（Md Kamal，2005），关注企业经营关系网、经营绩效和改革情况（Kent Eriksson et al.，2014）等方式降低自身风险。

二是银行资本与银行风险关系研究。监管机构提升银行资本要求，有利于降低银行杠杆率，但会导致借款企业杠杆率补偿性上升，进而增大银行风险（Will Gornall and Ilya A. Strebulaev，2018）；而依赖银行贷款融资的企业与资本充足的银行之间相互选择，会通过累积信用准备平缓周期性波动，减缓对实体经济的冲击（Schwert Michael，2018）。

三是公司治理视角的银行风险研究。主要分析了股权结构、高管行为（Po -

Hsin Ho et al.，2016；Caspar Rose，2017）等因素对银行风险的影响。从政府持股控股角度来看，政府持股的银行违约风险低、主权风险高（Giuliano Iannotta et al.，2013），政府注资降低银行风险承担能力，影响银行系统稳定性（Candauda Saliya and Kelum Jayasinghe，2016），而股权多元化和股东友好型的公司治理机制有利于银行贷款腐败减少和风险降低（Thierno Barry et al.，2016；Deniz Anginer et al.，2018）。Sjoerd V. Bekkum（2016）认为 2006 年底美国银行高管持有的内部债务补偿（inside debt compensation）和 2007～2009 年银行特定风险暴露（损失的股票市场价值、波动性、尾部风险和财务困境的概率）之间显著负相关，说明高管内部债务补偿促使银行经营决策更为保守，进而限制银行风险和风险承担。通过检验银行风险与交易性、非交易性非利息收入的交互作用控制高管激励补偿效果，Chen 等（2017）发现高管股票期权补偿（ESO）对银行风险的直接影响不显著。与之相反的是，银行交易性和非交易性利润组成部分的非利息收入对银行风险有着正向显著影响。

四是经济金融环境对银行风险的影响研究。从经济衰退、金融危机发生等经济金融环境变化来看，经济衰退时期银行挤兑可能性更大（Gertler and Kiyotaki，2015），金融危机时期信贷业务高速发展的银行信用风险更高（Doriana Cucinelli，2016），而不以盈利为经营目标的合作银行、可以获得政府额外资金救助的公立银行、高收入国家的州立银行和金融深度发展国家的商业银行受信用风险影响更小（Giovanni Ferri et al.，2014；Michael Brei and Alfredo Schclarek，2015；Qinwei Chi and Wenjing Li，2017）。在经济金融环境变化的外部冲击下，银行风险累积和传染可能引发系统性金融风险（S. Benoit et al.，2017），银行的异质性和银行信贷业务的行业专门化也可能提高系统性风险水平（Giulia Iori et al.，2004；Thorsten Beck and Olivier Jonghe，2013）。Y. Luo 等（2016）选取了 140 个国家 2007 家商业银行的跨国数据来研究金融开放、银行风险和银行盈利效应之间的关系，检验结果表明金融开放并没有通过银行风险变化直接地降低银行盈利效率，但通过收窄银行盈利渠道间接地提升了银行风险。

五是银行业务地域扩张、银行监管等因素对银行风险的影响研究。Goetz（2016）选取美国都市统计区域（MSAs）银行控股公司（BHC）数据，研究发现银行选择地域扩展战略，进行业务地域扩张会极大地降低风险，地域分散不会影响贷款质量。Klomp 和 Haan（2014）选取了非工业化国家 371 家银行 2002 年至 2008 年数据，研究银行监管规则和监管对银行风险的影响，发现更严格的监管规则和监管会降低银行风险，资本规则和监管控制将降低银行风险，流动性规则和活动限制也能在经营水平较高的情况下抑制银行风险。

（二）系统性金融风险成因研究

金融机构异质和主营业务行业专门化可能增加系统性风险（Thorsten Beck and Olivier Jonghe，2014），商业银行等系统重要性金融机构风险累积和传染可能引发系统性金融风险（S. Benoit，2014）。复杂网络模型相继应用于系统性金融风险成因研究以及商业银行、股票市场等领域的分析中（Rivera - Castro Miguel A. et al.，2018；Hossein Dastkhan and Naser S. Gharneh，2019；et al.）。

金融市场面临流动性短缺风险时，一家银行的危机会在系统中扩散，同质性银行有利于银行间信贷市场的稳定，异质性银行则可能提高系统性风险水平（Giulia Iori et al.，2004）。系统性风险发生受银行破产初始规模影响，但系统性风险传染（spread）则更多地受银行间信贷市场影响（Andreas Krause and Simone Giansante，2012）。银行信贷业务的行业专门化加剧市场波动，提高系统性风险，但却不能带来更高的收益（Thorsten Beck and Olivier De Jonghe，2013）。

二、金融风险度量与预警研究

在金融风险度量预警研究方面，利用 1971～1992 年 100 多个发展中国家的年度数据，Frankel J. A. 和 Rose A. K.（1996）建立 FR 概率模型，发现危机暴发可能性增大受预警指标（实际汇率、市场利率、信贷增长率等）变化过大影响。STV 模型也适合预测一个国家未来金融经济危机发生的可能性，运用 STV 模型分析了墨西哥“龙舌兰酒危机”对 20 个新兴国家的影响，发现实际汇率较大升值、信贷过度膨胀和外汇储备偏低等是一些新兴市场国家 1995 年受到金融危机冲击的主要原因，经常账户赤字偏高、资本流入过度和财政政策宽松等则不是这些国家受到冲击的原因（Sachs J. D. et al.，1996）。Glick 和 Hutchison（1999）也运用 STV 模型分析了 1975～1997 年 90 个工业国家和发展中国家银行和货币危机的发生率和根本原因，发现“双危机”现象在对国际资本流动开放的金融自由化新兴市场最为普遍。根据构建的综合预警系统框架，Canbas 等（2005）将判别分析、主成分分析相结合，预测商业银行破产。Logit 模型适合预测全球银行危机，信号提取（signal extraction）方法适合预测特定国家银行危机（Davis et al.，2008）。

KLR 模型主要依据噪音信号比（NSR）最小的原则，结合条件危机概率选择预警的最佳信号指标。以 1970～1995 年 5 个工业国家和 15 个发展中国家的数据为样本，Kaminsky G. L. 等（1998）设定超过特定阈值的指标为货币危机可能在未来 24 个月内发生的警告信号，最终较大概率地预测出了亚洲危机。

近年来，人工神经网络、决策树、支持向量机等机器学习方法越来越多地被用于金融风险度量与预警分析中。Lin 等（2008）使用神经模糊建模方法，设立了综合神经网络学习能力和模糊逻辑推理机制的混合模型，并用于预测货币危机。通过比较人工神经网络、Logistic 回归和决策树等不同机器学习方法，Sevim 等（2014）认为决策树和人工神经网络均优于传统回归模型。但是 Beutel 等（2019）却认为机器学习方法有待完善，要进一步优化和大量数据训练才能较好地被应用，传统 Logit 模型则可以更加有效地预测系统性银行危机。

总体来看，主流的 FR 概率模型、STV 模型、KLR 信号法模型、Probit/Logit 模型、马尔科夫机制、人工神经网络等与指标体系有较好的结合，不同预警模型预测的效果有一定的差异（S. Battiston and S. Martinez - Jaramillo，2018；Xiaobo Tang et al.，2020；et al.）。

三、其他相关领域研究

金融风险受金融机构业务经营、资本管理、公司治理和经济金融环境等多种因素的影响。与此同时，金融风险对金融机构业务经营也有较大影响。金融机构业务经营受信用风险、利率风险、汇率风险和系统性风险等多种风险影响。所有银行在贷款定价时均考虑风险因素，一般来说，风险越大，其贷款利率水平也就越高，风险评估系统有利于准确评估风险水平，被各类银行广泛应用，但小银行风险评估系统相对简单（William B. English and William R. Nelson，1998）。银行信贷价格和非价格条款均反映借款人的风险状况，风险高的借款人（小的借款人、现金持有少的借款人和其他外部渠道无法借款的借款人）为其银行贷款支付更高的价格，非价格条款也与贷款价格直接相关（小型贷款、有担保贷款和短期贷款往往比其他贷款支付更高的利率），风险高的借款人也往往需要签署更严苛的非价格条款借款合同（Philip E. Strahan，1999）。银行要严格遵循合适的信贷政策，认真评估信用风险（Md Yousuf Kamal，2005），在风险评估过程中，不仅要关注企业经营的关系网、经营绩效和改革情况，还要关注从事国际业务企业贷款的潜在风险（Kent Eriksson et al.，2014）。

金融危机是金融风险的极端情况，国外也有不少学者研究金融危机对金融机构业务经营的影响。对国际辛迪加公司贷款来说，汇率风险和全球金融危机使贷款的风险溢价更高（Chong Byung - Uk，et al.，2011）。2008 年美国政府收购房利美和房地美的事件对关联银行产生了不利影响，受收购事件影响，原本优质的投资由于事件发生而变为不良投资，向两个企业投资的银行，贷款增长比其他银行低了两个百分点（Tara Rice and Jonathan Rose，2016）。危机之前贷款增速快的银行，在危机时期不良贷款增速加快，信贷活动减少的更多，信用风险对银行贷款行为有显著负向影响，信贷业务发展快的银行受到的影响更大（Doriana Cucinelli，2016）。全球金融危机时期，美国社区银行风险承担与其信贷收缩之间呈正相关关系（Robert Deyong，et al.，2015），准备金累积使贷款总额增加更快，也使贷款组合的风险承担水平增加（John Kandrac and Bernd Schlusche，2017）。在不同危机（主权、国内、全球危机等）发生时，股权结构对中欧和东欧国家银行信贷活动的影响明显不同，银行特征（如存款增长和盈利比率）是经济稳定发展时期和危机时期信贷增长的决定因素（Franklin Allen et al.，2017）。

金融机构风险管理技术手段和方法的提升有利于银行更好地开展信贷业务，降低自身风险。将贷款销售市场作为风险管理渠道的银行持有更少的资本，风险贷款占总贷款的比重比其他银行更高，银行风险管理水平提高增加了其信贷可得性，但却无法降低信贷风险水平（A. Sinan Cebenoyan and Philip E. Strahan，2001）。社区银行普遍在小企业贷款中使用信用打分方法分析小企业主的信用情况，信用打分使小企业贷款规模增大但不影响贷款组合的总体质量，说明该系统有利于银行更好地管理贷款业务的信用风险，对银行信贷行为有积极影响（Allen N. Berger et al.，2011）。

对于商业银行等金融机构自身来说，保持合理的资本规模，是业务稳健经营的重要保障，也有利于金融机构风险管理。在具体研究中，主要选用资本持有量、核心资本等指标进行商业银行等金融机构资本分析。利用贷款销售市场进行风险管理的银行资本持有量比其他银行的资本持有量更少，其高风险贷款占总资产的比重更高，这种风险管理实践可以提高银行信贷可得性，但无法降低银行风险（Sinan Cebenoyan and Philip E. Strahan，2001）。宏观层面的核心资本在银行贷款领域发挥着关键作用，政府注资使银行风险承担能力降低，影响银行系统的稳定性（Candauda Arachchige Saliya and Kelum Jayasinghe，2016）。银行资本增加对信贷增长的影响，只与大银行流动性水平显著正相关，并且在金融危机时期更显著，银行资本只在大银行持有充足的流动资产后才对贷款产生显著正向影响，小银行则没有这样的相关关系（Dohan Kim and Wook Sohn，2017）。

第二节 国内相关研究

国内专家在金融风险研究方面起步较晚，早期侧重于金融领域的风险问题研究。微观层面的金融风险分析主要研究经济金融环境、行业竞争度与集中度、资本约束等因素对商业银行、保险公司等金融机构风险生成的影响（张敬思、曹国华，2016；蒋海、黄敏，2017；朱衡、卓志，2019；等等），也关注金融市场风险生成的相关分析（王鹏、黄迅，2018；彭俞超等，2018；张维、董纯，2019；等等）。系统性金融风险研究方面、系统性风险最终可归结为政府或国家信用风险（董小君，2006），分析方法从时序分析扩展到复杂网络分析，运用网络模型研究系统性风险传染和扩散效应（范小云等，2012；邓向荣、曹红，2016；杨子晖等，2020），实体经济风险、政府债务风险、虚拟经济风险、金融机构杠杆率和业务规模等对系统性金融风险影响较大（韩心灵、韩保江，2017；朱波、马永谈，2018），风险主要通过信贷渠道传导至实体部门，对经济产生不利影响（陈守东等，2014；何青等，2018）。

国内多数文献将我国看成一个整体，所研究的“区域”一般指国内的某个城市、省级行政区或者更大区域（如东部、中部、西部）的地理范围。国内区域金融风险研究重点关注风险成因、风险度量预警以及风险管理等方面。

一、区域金融风险成因研究

区域金融风险有较多的系统性风险特征，但影响范围较小（刘锡良等，2018；李文峰、尹久，2013）。区域金融风险成因研究较多，主要研究经济环境、实体企业、地方政府行为、金融体系等因素对风险生成累积的影响。

（一）经济环境因素对区域金融风险的影响研究

区域之间差异性的经济金融发展情况与国家无差异的宏观调控政策是导致区域金融风险生成的主要成因之一（姜建华、秦志宏，2000；任蕾，2006；李正辉等，2017）。在经济高速增长阶段，大量不合理的金融交易被掩盖，当经济增速稍微下降，原有的深层次矛盾逐步暴露出来（何德旭，2015；杨亚军，2015）。宽松的货币政策使银行放贷冲动增强，继而对其风险识别和风险容忍产生影响（张宗益、刘胤，2012）。在利率下调、利差缩小时，高薪酬的上市银行为维持原有利润会提高自身风险承担水平（温博慧、唐熙，2016）。金融法制环境的不完善，特别是部分金融产品或相关金融机构的法律法规建设滞后，导致部分金融交易合规性监管不足，形成潜在风险。近年来，信托产品的发展及银行投资信托产品的相关法律法规不健全，形成了较多潜在风险（杨亚军，2015）。金融危机是经济金融环境变化的特殊情形，信贷行为不当对全球金融危机的发生有直接影响，信贷过度扩张会增加一国发生金融危机的概率（庞晓波等，2013）。

（二）实体企业因素对区域金融风险的影响研究

实体企业对区域金融风险生成有着较大影响。由于地区产业结构不合理，加之过度融资，在市场不景气等因素冲击下，产业的资金链条可能断裂（杨亚军，2015）。在地方政府的引导或干预下，国有企业获得了大量银行信贷资金，这样的交易行为往往会脱离效率与安全原则，增大了风险。特别是在地方政府追求经济增长速度的背景下，地方政府主导的盲目投资、重复建设较多，项目烂尾后导致资金难以回收，风险积压于商业银行（张书成、章莳安，1997）。在早期企业改制过程中，企业的逃废债行为也形成了较大规模的商业银行不良资产（张书成、章莳安，1997；巴曙松等，2005）。

（三）地方政府行为对区域金融风险的影响研究

地方政府财政行为对区域金融风险有着较大影响。在地方财政能力有限的压力下，地方政府利用金融信贷来代行财政功能，一旦地方财力不足，相关金融资产成为不良资产，财政风险转化为金融风险（张书成，1997；杨亚军，2015）。各级政府对教科文卫、社会保障等社会性支出严重欠账，各级政府通过银行资金来填补，这种“拆东墙补西墙”的权宜之计，最终承担后果的是银行机构（中国人民银行泰州市中心支行课题组，2005）。

在中央政府对地方政府直接借债进行限制的约束下，地方政府纷纷通过设立地方政府融资平台等变通方式进行举债（时红秀，2010）。由于中央政府的隐性担保使地方政府信用看似良好，加上地方政府自身调动金融资源的权力，在与银行的关系中，政府平台变为主动、占上风的一方（魏加宁，2010），大量投资项目的资金来源存在违规操作现象，而且投资只讲速度不讲效率（魏加宁，2010；张国云，2011）。但是其中却蕴含着明显的风险隐患，存在较高的偿付风险（刘煜辉、张榉成，2010）。

地方政府干预等行为也会直接影响区域金融风险生成。地方政府干预地方金融资源配置、扭曲金融运营原则，埋下了区域金融风险隐患（姜建华、秦志宏，1999；李嘉晓等，2006；于尚艳，2008；张翼，2010；张健华，2013；刘海二、苗文龙，2014）。早期地方政府通过直接行政干预、影响银行决策、逃废银行债务等方式争夺国有银行信贷资源，其结果是各地方分支机构形成了大量不良资产（巴曙松等，2005）。在分税制改革之后，由于地方财权与事权不匹配，金融资源成为地方财政部分替代（周立，2003），促使了地方政府对当地银行信贷的干预（张军、金煜，2005）。王俊、洪正（2015）论述了地方政府的金融竞争与区域金融风险的逻辑关系。卜建明（2013）罗列了持有地方法人金融机构的股权，利用地方财政性存款、财政性资金补贴、重大项目金融服务等政府资源对金融机构进行“诱导性”干预选择性执法等地方政府干预地方金融的手段。

另外，地方政府不恰当地自办金融、重视发展而疏于监管也是区域金融风险生成的重要原因。地方政府通过自办金融直接或间接地将地方财政风险、地方金融不良资产转嫁给中央政府，地方政府重视发展而疏于监管甚至干预资金流向也会导致区域金融风险生成（卜建明，2013；子腾，2014）。

地方政府行为对区域房地产金融风险也有着重要影响。朱英姿、许丹（2013）以及钱先航等（2011）从官员晋升压力的角度解释地方政府力促房价上涨的动机。地方政府力推地方房地产业发展的重要结果便是引导了大量信贷资源流向房地产业（杨帆、卢周来，2010；钱先航等，2011），在少数地区甚至出现以财政为房地产商贷款提供担保的现象（杨帆等，2010）。叶光亮等（2011）实证发现，地方官员与城商行贷款向房地产等行业倾斜有关。另外，王锦阳、刘锡良（2014）证实我国部分地区或城市的房地产业存在明显的泡沫成分。泡沫破灭风险也是区域金融面临的巨大风险。

（四）金融体系因素对区域金融风险影响研究

在金融体系内部，银行风险、保险风险、“影子银行”风险、金融诈骗风险以及非法集资和民间借贷风险等均是区域金融风险的主要来源（林宏山，2012）。从金融体系自身角度来看，虚假信息发布、内幕交易等金融市场不健全所引起的违纪违法现象，可能会引起证券市场震荡，并可能进一步影响地区经济安全（杨亚军，2015）。金融机构公司治理结构不完善、内控制度缺陷是区域金融风险生成的原因之一（任蕾，2006；李嘉晓等，2006；于尚艳，2008）。政府股东任命银行董事长，有利于城商行、农商行等中小商业银行风险的降低（曹廷求等，2006）。

金融机构经营管理水平是区域金融风险生成的主要影响因素之一。金融机构自身运营与管理方面的缺陷是区域金融风险的重要成因（邹积尧、隋英鹏，2000）。能够跨区域经营的城商行大多是资产规模大、资本水平高、市场竞争强的银行，跨区域经营能够有效地分散投资风险，降低区域经济波动风险，进而使银行着力于信贷等业务发展（王擎等，2012）。降低大股东占比也有利于降低贷款集中度和信用风险水平（祝继高等，2012）。在我国目前信贷分散的情况下，银行选择更高收益的信贷资产需要承担更高的风险水平（陈懿冰、聂广礼，2014）。农村信用合作社则可以通过提高资本充足率、拨备覆盖率、非利息收入比重等方式降低自身风险（钱水土、陈鑫云，2016）。银行规模越大、资本越充足，风险承担能力越强（黄秀秀、曹前进，2014）。金融机构信贷投向集中度较高（周意珍、余子华，2007），在逐利动机驱使下，甚至违反国家信贷政策，向国家限控行业企业提供贷款，向不符合条件的房地产商或购房者提供贷款（杨亚军，2015）。

二、区域金融风险度量与预警研究

国内学者对金融风险度量与预警进行了较为全面系统的研究。不少学者选取的金融风险指标对区域金融风险度量与预警有较大借鉴价值。例如，吴海霞等（2004）选取经济增长、货币、财政、国际收支等方面的系统性风险监测指标以及银行信用风险、流动性风险、资本风险、经营风险等方面的非系统性风险监测指标，构建了我国金融风险预警指标体系，运用信号分析法对金融风险进行监测预警。邢越（2005）认为，在建立全国性金融大数据库的基础上，构建包括描述指标、分析指标和预警指标的金融安全运行监测平台，描述指标主要监测实物资金和货币资金流向，分析指标重点分析资金的流量流向是否合理、社会资金供求是否平衡、资金是否有效地利用、经济金融运行状况是否正常，预警指标则通过每一项数据生成的直观图形对潜在金融风险做出正确的判断并采取果断措施及时加以防范。孙立行（2012）选取了金融开放风险指标、银行经营风险指标等组成金融风险预警体系。农村金融风险领域，张耀平、罗小锋（2005）设计了包含信息系统、指标系统、分析系统和处理系统的农村金融风险模型，白继山、温涛

（2011）从金融生态环境、金融危机形成机理等视角出发，选取金融机构贷款增长率、农业贷款增长率等指标建立农村金融风险预警体系。商业银行风险研究领域，丁德臣（2016）基于多专家协商机制和灰色评价模型，建立并检验了包含国内外宏观金融指标、中观金融市场指标和微观银行层面指标的商业银行风险预警系统。谢贤芬、王斌会（2017）设计了包含资本质量、资本流动性、资本结构对市场风险敏感性的银行宏观安全状态指标体系和包含宏观经济运行状态、金融自由化因素、国际收支状况的银行宏观安全预警指标体系，构建了 Logit 预警模型并选取月度数据进行了实证检验。

国内不少学者专门研究区域金融风险度量与预警的相关问题。全球金融危机前，国内关于区域金融风险度量与预警的研究成果相对较少，研究方法较为简便，指标设计相对简单，实证分析较为基础。全球金融危机之后，国内专家学者从宏观层面、微观层面对预警指标进行了更加科学、细致的选择，实证研究更加深入。

区域金融风险度量与预警的研究可以从指标体系设计方法、区域层级选取等不同视角进行分类。本部分主要概述区域金融风险度量与预警指标体系构建以及区域金融风险度量与预警实证分析两大类的国内文献，涉及不同学者研究中的区域金融风险度量与预警指标体系构成、指标权重赋予及预警模型建立等方面的内容。

（一）区域金融风险指标体系构建与分析

2008 年以前，区域金融风险度量与预警指标体系构建方面有不少有代表性的研究。仲彬等（2002）在分析金融风险预警系统构成要素和运作机制的基础上，建立了包含流动性、盈利性、充足性、安全性和管理等方面微观审慎指标和国家调控能力、企业效益、债务清偿能力、外汇与资本、经济增长能力、银行业规模等方面宏观先行指标在内的区域银行体系风险预警系统。易传和、诸彩云（2004）首先从微观领域的区域内金融机构经营发展状况和相关领域的区域金融稳定状况出发，将区域金融稳定指标分为包括资本充足性、资产质量、盈利能力、流动性和管理能力五大类 24 个细分指标的核心指标和包括政府调控能力、企业效益市场风险性、债务清偿能力、增长能力和银行业总规模五大类13个细分指标的相关指标两大类，然后论述了区域金融稳定评价指标体系的实施步骤。在金融改革提升与渐进开发互动的背景下，构建包含GDP增长率、通货膨胀率、公共债务、财政赤字率、债务依存度、实际利率水平、净出口额等宏观先行指标和商业银行的安全性、流动性、盈利性3个方面微观审慎指标的区域风险预警指标体系，周才云（2006）认为金融稳定也需要注重事中控制和事后处理。王立平、陈瑶（2007）将区域金融风险指标分成经济金融环境指标、人民银行基础指标、银行系统指标和借款实体指标等四大类，通过层次分析法确定各指标的权重，参考KLR信号分析法建立区域预警模型并进行未来区域金融稳定状况预测。崔艳娟、张风海、徐晓飞（2008）构建了涵盖经济增长率、财政收入增长率、居民消费价格指数等宏观先行指标，信贷增长量/GDP、不良资产/银行总资产、资本充足率、存贷款比例的微观审慎指标，以及居民对金融的信任度、金融秩序、金融案件发案率等金融运行环境指标的区域金融风险指标体系，采用信号分析法构建区域性金融危机预警系统。根据浙江省区域金融发展特点，姚星垣（2008）设计了区域金融风险预警指标体系，结合微观审慎指标、宏观先行指标和区域特殊指标3大指标体系，根据监管机构意见和以往经验设计权重，得到浙江省区域金融风险预警指标，再依据三大指标体系权重得到浙江省区域金融风险预警指标体系总值，对照临界指标数据即对区域金融风险所处状态的综合评价，以此达到维护区域金融稳定和促进区域经济发展的预警目标。

全球金融危机之后，区域金融风险度量与预警指标体系设计方面的研究更加深入。谭中明等（2010）认为区域金融风险预警体系由宏观经济风险、货币风险、对外经济风险、资产价格泡沫风险监测指标4个子模块组成的外部影响因素系统和由区域金融机构经营状况、区域经济运行情况、区域金融生态和特殊影响因素监测指标4个子模块组成的内部影响因素系统，确定了指标临界值和预警区间，综合运用层次分析法和熵值法进行指标赋权。张亮（2013）从区域银行业视角出发，根据科学性、显著性和可测性的指标构建原则，建立了包括通货膨胀率、GDP增长率等宏观层级指标和商业银行安全性、流动性、盈利性等方面微观层级指标的区域金融风险预警指标体系，认为监管机构要及时构建风险预警体系，防控区域金融突发事件暴发。王俊（2014）借鉴系统性金融风险相关研究，在区域系统性金融风险预警系统下，设计了包含区域 GDP 增速、区域 CPI 增速等指标在内的区域宏观经济运行系统和包含区域银行业子系统、区域保险业子系统、区域证券业子系统相关指标在内的区域金融运行系统，运用自回归积分滑动平均模型（ARIMA）和信息论中的模糊综合评价理论构建了区域系统性金融风险模型。沈丽等（2019）构建了区域金融风险指标体系，包含保费深度、股票市值/GDP、不良贷款率、存贷比、信贷膨胀率等反映金融机构与市场风险的金融部门指标，总资产收益率（ROA）、亏损率、流动比率、资产负债率等反映企业的债务风险的企业部门指标，财政缺口率等反映财政风险的政府部门指标，居民家庭人均收入增长率、失业率反映家庭风险积累状况的家庭部门指标，采用熵权法进行金融风险水平综合评估。

（二）区域金融风险度量与预警实证分析

近些年来，不少国内学者选取经济区层级、省域层级、市域层级等不同层级的区域进行金融风险度量与预警实证分析。

经济区层级的金融风险度量与预警研究。郭娜等（2018）采用基于面板数据的因子分析方法分区域构建了我国区域金融安全指数，并运用 MS - VAR 模型识别出了不同时期我国区域金融安全所处状态，发现我国金融安全程度越来越高，东部地区金融安全指数波动趋势与全国较为相似，中西部地区总体波动较为平稳。耿德林等（2019）选取 2005 ~ 2016 年环渤海、长三角和泛珠三角三大经济区域 18 个省区市的银行体系风险、证券市场风险、外部冲击风险、房地产市场风险和地方经济风险共 5 个模块 18 项经济指标数据，构建区域金融风险指标体系。张帅（2021）根据构建的区域金融风险指数对我国的六大区域金融风险进行评价及预测分析，发现中西北地区、西南地区、东北地区整体金融风险均普遍高于中南地区、华北地区、华东地区，预测结果则显示 2019 ~ 2023 年我国及六大区域整体金融风险水平均有所下降，东北地区、西北地区、西南地区、中南地区整体风险水平均超过全国，需要根据区域差异，采取差异化的金融风险防范措施。程建华、程硕（2021）利用极限边界分析（EBA）模型建立以风险因素为指标的 Ologit 动态预警模型，选取存贷款比例、证券交易和保险增长率、地区银行机构信贷总额生成长三角地区金融风险压力指数，以上海、江苏、浙江、安徽 2006 年 1 月至 2020 年 9 月数据为样本，运用门限自回归（TAR）模型对金融风险压力指数进行风险等级划分，发现长三角三省一市金融风险的影响因素存在差异，股票市场的发育程度对各省市均呈现显著效应；长三角不同省市风险影响机制和路径存在差异，上海市前三个月的金融风险压力值对其下一月份的金融风险压力呈现弱正向效应，江苏省前三个月的金融风险压力值对其自身的正向效应并不显著，但浙江省和安徽省下一月份的金融风险压力值分别对其上一月份数值起到一定的“熨平”效应；未来 9 个月的金融风险预警结果显示，构建的 Ologit 动态预警模型的大类分级预警精度较高，能以较大概率捕获中等警情和重大警情。

省域层级的金融风险度量与预警研究。李正辉等（2017）根据 31 个省级行政区单位 2013 年第 1 季度至 2015 年第 3 季度的省域数据，选择工业企业亏损额/工业企业总利润作为实体经济运行情况的变量，选择社会融资规模/总贷款为金融部门结构变量，选择上市公司市值/总贷款为融资结构变量，选择生产者价格指数为衡量预期的变量，构建并测算了 31 个省级行政区的金融风险指数。以某一省份为研究对象的区域金融风险研究成果较多。谭中明等（2010）构建包含内外部影响因素的区域金融风险预警体系，综合运用层次分析法和熵值法进行指标赋权，对江苏省 2007 年区域金融风险度进行测算，发现 2007 年江苏省金融运行状态处于基本安全等级，抗风险能力较强，但也存在地区 GDP 增长率、外贸依存度等少数内部影响因素指标风险偏高的情况，以及区域金融所面临的外部风险偏高的情况，存在一定风险隐患。罗晓蕾等（2018）运用层次分析法（AHP）确定指标权重，选取映射处理法标准化指标数值，采用综合指数法计算综合风险度，最终构建了以区域宏观经济运行、区域金融机构、区域金融生态环境三个维度为一级指标的区域金融风险监测“三级”指标预警体系，并以河南省为例进行了实证检验，揭示了该省 2014 ~ 2016 年金融风险状况及风险变动趋势。王晓婷等（2019）编制了山西省非金融企业部门、金融部门、政府部门、家户部门账面宏观资产负债表和或有权益宏观资产负债表，构建了区域金融风险评价指数，识别、度量和综合评价了山西省区域金融风险，发现山西省区域金融风险呈缓慢上升并伴随阶段性调整趋势，金融风险主要受到宏观经济政策、外部冲击及区域主产大宗商品价格变化的影响。张安军（2019）基于内外源金融风险双维度视角，通过经熵值法调整的层次分析法测定指标权重，构建了省域金融风险综合度量指标体系，以浙江省样本数据为例进行定量分析发现，2005～2016 年浙江省域金融风险处于中度不安全到低度安全状态，波动形态处于低幅区间震荡并伴有下行态势，省域对外贸易依赖严重、外贸进出口集中度较高、短期国际热钱流入冲击风险大、房地产投资依赖与房价泡沫风险严重、地方政府内债偿还风险严重是造成省域金融不安全的主要原因。闵剑、朱娇娇（2020）基于证据推理算法构建金融风险预警监测模型，使用 IDS 软件实现基于证据推理算法的湖北省金融风险系统评价模型应用，发现湖北省金融风险整体处于可控状态，除了金融监管风险、房地产金融风险偏高外，整体风险水平偏低。田丽娜、马慧峰（2020）从宏观经济、政府部门、金融机构、企业部门和居民部门五个方面选取指标，使用熵权法和主成分分析法构建区域金融风险评价指数，识别、度量和综合评价内蒙古自治区金融风险，发现经济增长乏力、宏观经济环境压力渐增、政府财政赤字较高、财政收入出现下降趋势、政府债务压力不断增加、企业盈利能力下降、资产收益率整体下降趋势明显等是引起金融风险的主要原因，进而提出防范化解的政策建议。张志鹏、李曼（2021）在分析江苏省金融风险现状的基础上，选取宏观经济环境风险、区域货币与金融市场风险、互联网金融风险、资产泡沫风险四个方面的指标构建区域金融风险评价体系，采用因子分析法对江苏区域金融风险进行评价，发现银行业不良贷款率、资本充足率过低是区域金融风险的主要影响因素。黄思杰、李因果（2021）运用主成分分析法对江苏省金融预警指标进行降维，利用 K 均值聚类将整体风险划分为 4 类，再利用 RBF 网络模型，建立江苏省金融风险预警模型，选取 2005～2017 年样本数据进行训练仿真，利用 2018 年样本集对 2019 年区域风险进行预测。

市域层级的金融风险度量与预警研究领域，王立平、陈瑶（2007）从经济金融环境、人民银行基础、银行系统和借款实体等方面出发，构建了台州金融稳定预警指标体系，计算得出各层预警指数及合成指数，实证研究发现台州的金融稳定状况趋势向好，金融稳定预警合成指数总体呈现波动下行趋势。崔艳娟、张风海、徐晓飞（2008）从宏观先行指标、微观审慎指标和金融运行环境指标出发，采用信号分析法分析2001～2006年大连市金融风险状况，发现该市经济整体发展态势良好，在区域经济发展中面临金融危机的可能性较小，主要存在资本充足率指标偏低的风险隐患。贾拓等（2012）基于宏观经济金融、区域经济和区域金融三个方面的指标构建区域金融风险预警模型，选取泰州市1998～2010年的相关数据，运用MS－VAR模型进行区域金融风险预警指标筛选。刘林（2014）运用模糊评判方法，组织专家设计了涵盖金融体系外部环境和金融体系自身的20个风险因素，对C市系统性金融风险进行了评判与风险预警研究，发现指标体系能够较为全面地反映区域系统性风险的基本状况，用于开展风险预警具有较好的预判能力。黄朱文、黄丽鲱（2017）以区域金融风险监测预警机制为研究对象，通过选取影响区域金融风险的经济增长指标、产业结构指标、收入状况指标、投资消费情况指标、对外经济指标、地方经济特色指标、金融运行指标、金融司法环境指标、信用环境指标、证券业风险管理指标、保险业风险管理指标等十一类风险变量，构建了区域金融风险监测预警指标体系，采用KLR信号分析法，测算湖南某地市过去7年综合风险监测指数，发现预警模型能够较好地反映区域金融风险状况，对区域金融风险监测预警具有一定的参考价值。中国人民银行乌海市中心支行课题组（2020）采用层次分析法从区域宏观经济运行情况、银行信贷风险情况、法人金融机构风险情况、区域金融生态风险情况四个维度构建了乌海市金融风险监测指标预警体系，实证检验发现乌海市区域金融风险总体可控，但银行业信贷风险情况、法人金融机构运行情况等内外部风险仍须关注。

三、区域金融风险防范化解研究

区域金融风险防范化解需要宏观层面的地方金融监管机构以及微观层面的金融机构等多方面、多层次的共同参与和努力。

从宏观层面来说，要加强区域金融风险防范化解方面的立法，深化区域金融改革，建立区域金融风险预警体系（邹积尧、隋英鹏，2000）。东北地区存在老工业基地改造成本转嫁、区域经济基础较为薄弱、金融产业成长水平低下、社会信用环境不佳等金融风险形成原因，应当采取设置专门的区域风险监测与处置机构、建立区域征信系统等风险应对措施（张凤超，2009）。健全的征信系统在维护金融稳定、防范和降低区域金融风险中扮演的角色越来越重要，中国人民银行邢台市中心支行课题组（2014）建议以征信系统为基石，推动征信市场发展，加强信贷行业结构数据分析、区域经济结构分析，开展金融风险评估的补充分析工作，为金融稳定创造条件。通过深化改革来防范区域金融风险，明确并强化地方政府在防范区域金融风险中的责任，加强金融监管机构微观审慎金融监管，强化重点领域的风险防控，完善区域金融风险的监测、预警和评估机制，确保任何的金融交易和金融机构都在监管范围之内，考虑将评级机构纳入监管范围（何德旭，2015）。地方政府在应急控制风险事态蔓延上具有组织、协调等比较优势，可以通过公共政策与制度设计等路径，对个体金融风险事件处置和区域金融风险防范化解施加重要影响（董昕等，2016）。陈宇等（2017）认为应当在省级层面成立金融安全领导小组，建立多方参与、相互配合、协调有效的工作机制，把金融安全作为区域安全稳定管理的重要内容，建立金融风险评估预警机制，明确金融突发事件的处置流程及责任追究。王擎等（2019）建议结合各地区经济发展实际，及时建立有效的区域间、市场间、业务间风险传染“防火墙”，持续加大对集团客户、大型企业风险的检测、分析、研判和处置，持续加大金融机构对中型以及普惠型小微企业的支持力度，持续加大楼市调控力度，进一步提升市场化程度和地区开放程度，提高企业盈利能力和盈利水平，降低区域金融风险水平，维护区域金融稳定。

从微观层面的商业银行等金融机构自身角度来说，要加强自身资本管理与风险管理。商业银行要重塑风险管理组织架构，再造风险管理流程，多维度管理风险（魏国雄，2008）。针对公司信贷模式使小企业贷款及其风险管理陷入困境的情况，商业银行要根据小企业的特点探索新的信贷模式，提高风险管理的科技含量（陈忠阳等，2009）。商业银行完善风险监测指标体系的建立健全有利于缩小银行信贷质量与其主观偏好之间的差异，更好地开展信贷等业务经营（于一、何维达，2011）。农村信用社等中小金融机构要高度关注经济下行期间的区域性风险，进一步提升资本充足水平，大力推动业务多元化经营，有效提升资产收益水平（钱水土、陈鑫云，2016）。从省际区域金融风险防范来看，要从区域金融风险传染的源头入手，金融机构要特别关注不良贷款问题，强化风险管理，防范风险向其部门传染（丁述军等，2019）。陆岷、周军煜（2021）认为地方商业银行应当强化公司治理内部控制和约束目标，董事会应定期开展风险排查工作，建立风险预警机制，下设的风险管理委员会要密切对接信贷业务部门，及时有效甄别、处置潜在风险，监事会要从银行股东和存款人的角度出发，创新监督手段，对高级管理者和董事会成员等监督对象定期检查。

第三节 相关研究述评

由于“区域”范围界定方面的差异，国外专家学者较少研究区域金融风险，金融风险相关研究主要集中于微观金融风险成因研究、系统性金融风险成因研究和金融风险度量与预警研究等方面，对我国区域金融风险研究有一定的借鉴价值。

国内金融和金融风险研究中的“区域”主要是地域层面的概念。区域金融风险成因研究主要分析经济环境因素、实体企业因素、地方政府行为、金融体系因素等对区域金融风险的影响。区域金融风险度量与预警研究主要包括区域金融风险指标体系构建、区域金融风险度量与预警实证分析。区域金融风险防范化解研究也是国内专家学者关注的重点之一。

总体来看，国内专家学者对区域金融风险度量与预警进行了较为全面的研究，主要从经济环境、实体企业、地方政府、金融体系等因素出发，分析这些因素对区域金融风险影响，选取宏观、微观等层面的风险指标，采用熵值法、因子分析法、层次分析法等赋予风险指标权重，构建区域金融风险指标体系，度量区域金融风险，根据信号灯模型、人工神经网络模型等预警风险。然而，在区域金融风险研究中结合区域经济环境、微观实体企业分析风险生成机制的研究成果较少，风险指标确定和度量、预警方法选择有待完善，省域和市域的金融风险实证研究有待充实。

随着金融风险研究的逐步深入，区域经济环境、微观实体经济对金融风险生成影响研究将不断增多。今后既要加强区域金融风险理论分析，深入研究区域金融风险生成机制；也要对区域金融风险度量、预警与防范化解进行更全面的研究，理论与实践相结合，增强区域金融风险研究系统性、全面性和研究深度。

第三章

区域金融风险概述

本章阐述风险、金融风险含义，以及金融风险特征和分类；界定区域金融风险概念，划分区域金融风险类型，论述区域金融风险特征和影响；分析我国东部、中部、西部地区以及主要省份的金融发展现状，面临的主要金融风险和典型的区域金融风险事件。

第一节 风险与金融风险

金融活动收益与风险并存。在 2007 ~ 2009 年的全球金融危机中，美国主要股票市场股价大幅下跌，金融市场剧烈波动，金融风险快速传递和蔓延，造成了巨大损失，产生了长远不利影响。识别金融风险并积极有效管控对经济社会健康发展尤为重要。

一、风险、金融风险的含义

（一）风险的含义

风险无处不在，客观地存在于现实生活的各个方面。不同学者对风险的界定有一定差异。在经济学领域，美国经济学家海恩斯（Haynes）在 1895 年出版的"*Risk as an Economic Factor*"一书中最早定义风险，他认为"风险意味着损害的可能性"。1921 年，美国经济学家富兰克·奈特（Knight）对风险与不确定性的关系进行了研究，对两者的差异进行说明，他认为因不确定性因素而造成损失的可能性是风险，经济行为人面临直接或者间接影响经济活动的无法充分准确加以分析的各种因素则是不确定性。

一般而言，风险包括广义视角和狭义视角两种含义。广义风险强调风险表现为不确定性，风险产生的结果可能带来损失、获利或是既无损失也无获利，金融风险就属于这种类型。狭义风险则强调风险表现为损失的不确定性，风险只能表现为损失，没有从风险中获利的可能性。在社会生产生活的各个领域，均有风险的身影，风险无时无刻都存在我们身边。常见的风险类型划分见表3－1。

表3－1　　不同标准下的风险类型划分

划分标准	风险类型	风险内涵
按风险的边界划分	外部风险	某一体系、产业或机构外部的风险。
	内部风险	某一体系、产业或机构内部的风险。
按风险产生的社会环境划分	静态风险	自然力的不规则变动或人们的过失行为导致的风险。
	动态风险	由于经济、科技、社会或政治变动而产生的风险。
按风险产生的原因划分	自然风险	由于自然因素和物理现象所造成的风险。
	社会风险	由于个人或团体在社会上的行为导致的风险。
	经济风险	经济活动中因为市场因素或者经营管理不善导致经济损失的风险。
	技术风险	伴随着科学技术发展、生产方式改变而产生的威胁人们生产生活的风险，如核辐射、空气污染和噪音等。
按风险的性质划分	纯粹风险	只有损失机会而没有获利可能的风险。
	投机风险	既有损失机会也有获利可能的风险。
按风险的标的划分	财产风险	各种财产损毁、灭失或者贬值的风险。
	人身风险	因个人的身体疾病、意外伤害等造成残疾、死亡的风险。
	责任风险	法律或者有关合同规定，因行为人的行为或不作为导致他人财产损失或人身伤亡，行为人所负经济赔偿责任的风险。
按产生风险的行为划分	基本风险	由非个人行为引起的风险，对整个团体乃至整个社会产生影响，是个人无法预防的风险，如地震、洪水等引起的风险。
	特定风险	由个人行为引起的风险，只与特定的个人或部门相关，不影响整个团体和社会，如火灾、爆炸、盗窃以及对他人财产损失或人身伤害所负的法律责任等。

（二）金融风险的含义

与风险含义类似，不少人认为金融风险就是在金融活动中所发生的损失或损失事件，也有人认为金融风险就是发生在金融领域的风险，还有人认为金融风险是一种经济损失的不确定性（见表3－2）。相对而言，最后一种观点似乎更符合风险范畴，即金融风险是一种可能性，更靠近金融风险的本质。

表3－2　　不同视角下的金融风险含义

定义视角	金融风险内涵
金融功能	突发事件引发金融市场信息中断，导致金融功能丧失的或然性（Minsky，1995）。
风险传染	单个事件通过影响一连串的机构和市场而引起多米诺骨牌效应损失的可能性（Gonzalez Hermosill，1999）。
危害范围	对整个金融体系以及宏观经济而非一两个金融机构的稳定性产生威胁的事件。
对实体经济的影响	单个冲击事件导致部分金融体系信心崩溃、经济损失或不确定性增加，甚至对实体经济造成严重危害的风险（DeBandt and Hattmann，2000）。

综合来看，金融风险（Financial Risk）主要是指金融市场主体（金融机构、个人、企业和政府）在参与金融活动过程中，因客观环境因素变化、决策失误或其他原因而引起金融资产的安全和收益以及金融机构的信誉受到损害等各种损失的可能性。

根据金融参与者的范围不同，金融风险又有狭义和广义之分。狭义的金融风险仅指银行、证券公司、保险公司、信托投资公司等金融机构在其经营活动中遭受损失的不确定性，所涉及的主体范围比较小。广义的金融风险所涉及的范围非常之大，包括个人、企业、金融机构以及政府等所有参与金融活动的交易主体遭受损失的可能性，其本质就是金融资产损失和盈利的不确定性。金融风险并不一定等于经济损失，一项投资活动，可能会给投资者带来收益，也可能带来损失。所谓“高风险，高回报；低风险，低回报”就是这个道理。

金融风险产生的必要条件是经济活动的不确定性。在与损失相关的客观状态中，如果能够准确地预测到损失将会发生以及损失会达到的程度，人们就可以采取准确无误的方法来应对，因为结果是确定的，这种情况下就不存在金融风险。如果肯定不会发生，就不存在金融风险，因为其结果也是确定的。只有当损失无法预料时，或者说，在损失具有不确定性时，才有金融风险的存在。

金融风险来源广泛，如利率、汇率、资产价格和信用状况等方面的变动，且这些变动一般是不可预测的，正是由于这些金融风险很多来自金融变量，因此金融风险是客观存在的。金融风险主要体现在金融市场运行、金融机构经营以及金融产品、金融产品服务提供的过程中。某一金融机构出现风险事件，不仅影响自身的经营发展，而且可能对其他金融机构、整个金融体系造成不良后果，引发局部甚至系统风险，严重影响金融体系运行，甚至影响经济社会的正常运行，引发经济社会危机。

在微观领域，由于各种不确定性因素的影响，投资者和金融机构在货币资金的借贷和经营过程中，预期收益和实际收益经常发生偏离，如果是不利的偏离，则可能引发损失。从宏观视角来看，预期的不确定性是经济周期性过程中金融风险产生的主要原因，一旦经济出现衰退迹象，人们就会质疑当前投资的可靠性，对未来收益持怀疑态度，这种氛围不断扩散，就会大大降低资本的边际效率，一旦资本边际效率发生崩溃，就会发生金融危机，并且这种危机有极大的典型性。

随着金融市场范围和容量的扩大、监管制度和有效性的滞后、金融竞争的加剧、资本充足性的不足，金融风险有螺旋上升趋势。如果金融风险超过了承受能力，局部、个别的风险就会蔓延、传播开来，从而影响到区域、国家甚至世界经济社会的正常运行，形成金融危机，给经济发展和社会福利造成灾难性的后果。

既然金融风险是金融过程中内在的本质属性，那么唯一可行的办法就是将金融风险控制在适度范围内，让其为金融过程服务。由于金融过程的网络化和金融关系的广泛渗透性，金融风险具有极强的联动性和自我增强的传播特性，宏观金融风险常常是区域风险暴露、传播、扩散的结果。对于决策当局来说，有决策参考意义的就是要关注金融风险，防范化解金融风险。

二、金融风险的特征

金融风险的特征较为明显，主要包括不确定性与客观性、普遍性与潜在性、叠加性和累积性、周期性与扩散传染性、可测性与可控性等。

（一）不确定性与客观性

金融风险的本质还是风险。由风险含义可知，风险具有不确定性，因此金融风险也具有风险的基本特征——不确定性。不论是广义的金融风险还是狭义的金融风险，收益、损失均无法提前准确知道，只能通过技术手段进行一定的分析预测。

金融风险的不确定性是无法消除的，因而金融风险也是客观存在的，是一种无法忽视的存在。金融风险的产生是一种不以人的主观意志为转移而客观存在的现象。人们没有意识到风险的存在，但并不意味着没有风险。在现代市场经济中，金融风险无处不在，没有风险就没有金融活动，想要避免金融风险是不可能的，它伴随着金融过程的始终，也是符合部分人追求风险受益的本性。因此，需要想方设法去认识金融风险、了解金融风险，对其加以预测和控制，将其降低到人们可以承受的范围内。

（二）普遍性与潜在性

金融风险具有普遍性。普遍性是指金融风险无处不在、无时不有，在每一个行业、金融工具、金融机构乃至每一次的交易行为中，都有可能潜伏着金融风险。

金融产品服务的供给方和资金资源需求方之间存在着严重的信息不对称，而金融主体获取金融资产价格变化的信息又是不完全的，因此金融风险具有很大的潜在性。

（三）叠加性和累积性

在同一时点上，金融体系内不同领域的风险因素交织在一起，存在一定的交叉。不同风险会相互作用、相互影响，在各金融机构中不断叠加，因此金融风险具有较强的叠加性。

另外，金融风险具有累积性。对于已经出现的金融风险，如果金融机构或外部监管机构不及时采取措施进行风险管控，金融风险就会不断累积，风险水平不断提升，造成的影响将会越来越大。

（四）周期性与扩散传染性

金融体系的运行受宏观货币政策直接影响。宏观货币政策包括紧缩期和宽松期，不同时期的金融运行状况和风险水平明显不同。在紧缩货币政策指导下，金融与经济之间、金融体系内部的矛盾更加突出，干扰金融体系稳定性的因素不断凸显出来，推升了金融风险水平。与之相反，在货币政策宽松时期，银行放款、证券投资等金融活动的内部矛盾及其与经济发展之间的矛盾相对缓和，影响金融稳定的因素逐渐减弱，金融风险水平较低。

金融风险对金融机构的正常运行乃至经济社会的健康发展都会产生影响。如果金融风险集中暴发，且不能及时有效管控，风险会不断扩散传染，造成金融体系内部严重混乱，无法正常运作，还会产生派生效应，影响其他经济社会领域的稳定发展。在金融为社会创造信用的活动中，金融风险将会通过贷款创造派生存款渠道成倍扩散。除了吸收存款和发放贷款等传统金融活动之外，金融衍生产品赋予金融更广泛的外延。越来越多的金融衍生产品丰富了金融活动，为经济社会发展提供更多的金融支持。但是，衍生产品具有杠杆效应高的特点，存在着更大的风险隐患，加剧了金融风险的扩散传染性。例如，在全球金融危机中，金融衍生品的过度创新和监管缺失加剧了金融风险的传染扩散。

（五）可测性与可控性

金融风险具有不确定性，这并不表示金融风险是不可测量的。在掌握一定的信息后，可以利用概率论、统计学的策略来预测金融风险结果发生的可能性，进一步加强金融风险的度量和管控。

随着金融理论的发展、金融市场的规范以及新金融工具的不断出现，金融机构一直在通过各种技术手段与方法增强风险管控能力，政府也在通过加强外部监管与行业自律，逐步规范金融机构的业务运行，防范化解金融风险。

三、金融风险的分类

依据不同的划分标准，金融风险可以划分为不同的类型，不同类型的金融风险有着不同的特征，进行金融风险分类，有助于更加深刻、全面地认识和理解金融风险。

（一）按照风险能否分散划分

按照风险能否分散，可以将金融风险划分为系统风险和非系统风险。

系统风险（Systematic Risk）又称市场风险，也称不可分散风险，是指投资总风险中不能用投资组合方法分散的风险。系统风险之所以不可规避，是因为它来源于影响众多投资收益的经济因素。例如，许多投资的未来收益都依赖于国民经济的发展水平、中央政府的制度政策、利率水平、商品价格等因素。

非系统风险（Non - systematic Risk）又称可分散风险，是指由个别因素所引起的资产组合收益率的变动性，它与经济、政治和其他影响所有证券的系统因素无关。通过分散投资，非系统风险可以被降低；如果分散是充分有效的，则这种风险还可以被消除。

（二）按照风险的来源划分

按照风险的不同来源，可以将金融风险分为市场风险、信用风险、操作风险、流动性风险等。这一类别的风险是微观领域的金融风险。

市场风险是指由于市场变化给金融机构资产或金融交易商的交易带来的风险，主要包括利率风险、汇率风险和投资风险等。利率风险是指由于市场利率变动导致当事人受到损失的可能性。汇率风险又称外汇风险，是指由于汇率变动使某一经济活动的主体受到损失的可能性。投资风险是指由于未来投资收益的不确定性，投资可能会遭受收益损失甚至本金损失的风险。

信用风险是指由于交易对方（债务人）信用状况和履约能力的变化导致债权人资产价值遭受损失的风险，信用风险是最普遍、最基本的金融风险形式。例如，当一家公司的信用等级下降时，它发行的公司债券市场价格就会下降，债券投资人则会遭受损失。信用风险是处于高增长时期金融风险的主要来源，尤其是在公共企业份额比例较大、经济环境波动频繁时期更是如此。信用风险涉及经济环境形势、经济周期、产业结构以及机构的经营决策水平、财务状况、企业家品格，也涉及经济制度中的执行机构效率和社会中信用文化等方面，极具社会性和复杂性。现代市场经济、金融经济实质上就是信用经济，信用关系的网络特点和关联性更加强化了信用风险在金融风险中的地位和意义。信用网络和信用风险的传递性在很大程度上决定了金融风险的传播、扩散特点。

流动性风险是指经济实体由于资产流动性的不确定变化所造成损失的可能性。保持良好的流动性是金融机构经营管理的一项基本准则，但是由于流动性与盈利性之间往往存在矛盾，即流动性越高，盈利性越低，因此金融机构需要在流动性与盈利性之间寻找一个合理的平衡点。流动性风险取决于金融机构的流动性与盈利性的战略平衡以及货币与资本市场发育程度，流动性资产和头寸的增加即意味着收益率的降低，反之则意味着收益率提高和风险增大，发达的货币与资本市场则有利于降低流动性风险。此外，金融机构的财务杠杆也对其流动性风险具有一定影响，高杠杆必然影响机构获得流动性授信的可能性和成本。

操作风险涉及的范围较广，包括金融机构业务经办人员和管理人员有意或无意的操作失误造成的损失，以及信息系统、报告系统、内部风险监控系统“失灵”而导致的风险。

政策风险是指各种金融业务因国家有关部门出台的法律、法规、行业政策而引起的经营不稳定，从而导致的风险。

微观领域的金融风险原则上说不会造成系统性的风险和危机。微观风险中的决策、财务、操作和欺诈风险都具有随机性和偶然性，单个机构的经营风险即使造成了重大损失，也不易于形成区域性、系统性风险。但是，当经济处于萧条期和高风险状态时，个别机构的经营风险也可能成为区域金融风险的导火索。

（三）按照风险产生的原因划分

按照金融风险产生的原因，可以将其分为自然风险、经营风险和社会风险。自然风险是指由于自然因素引起的金融业遭受损失的不确定性的风险，如地震、雪灾、火灾等自然灾害造成金融机构的经济损失。虽然这些自然灾害引起的损失对企业或者对整个金融行业来说不一定很严重，但这些损失往往是突然出现的，具有明显的不可预测性。

经营风险是指各个金融机构在货币经营和信用活动中，由于自身经营策略、经营方法、具体操作行为的选择而引起的风险。这种风险可能会为金融机构带来可观的利润，也有可能使金融机构遭受损失。

社会风险是指社会体制变革、社会动乱、社会资金的供求关系、国家法律法规的实施、经济环境政策的出台、商业犯罪行为等因素对金融机构所带来的风险。

（四）按照金融风险产生的形态划分

按照金融风险产生的形态不同，可以将风险划分为有形金融风险和无形金融风险。有形金融风险是指看得见、可以预测、能够计量的风险。如金融机构在经营过程中可能发生的逾期贷款、呆账贷款、应收利息，一些固定资产的折旧等都属于有形风险。无形金融风险则是指看不见、无法预测、难以计量的风险。

第二节 区域金融风险概念界定

界定区域、区域金融、区域金融风险内涵，对区域金融风险进行分类。阐述分析区域金融风险的特征与影响，为区域金融风险理论分析以及设计区域金融风险度量预警体系奠定基础。

一、区域金融风险的含义

区域金融风险（Regional Financial Risk）是一种不同于个体金融风险和系统金融风险的中观尺度的金融风险，它所涉及的范围介于个体金融风险和系统金融风险两者之间。个体金融风险影响范围最小，是指单个金融机构或单项金融活动发生损失的可能性。系统金融风险影响范围最大，往往波及较大区域甚至全国所有金融领域，对全国金融经济活动和社会稳定发展形成冲击。

由于涉及范围不同，个体金融风险、区域金融风险和系统金融风险所造成的危害也不同，但三种风险之间存在着梯度递增和相互影响的关系，个体金融风险可以蔓延成区域金融风险，而区域金融风险对系统金融风险直接构成威胁。例如，2008 年金融危机就是典型风险范围扩散蔓延案例，个体金融风险没有及时管控，导致区域风险出现，最终引发全球性金融危机。之后出现的欧债危机波及欧盟很多国家，造成了全球最大区域性经济联合体的衰退，也对全球经济复苏产生了非常不利的影响。

（一）区域

作为一个相对的普遍概念，区域的内涵和外延存在很大差异。在《现代汉语词典》中，“区域”被界定为“地区范围”。在经济学领域里，“区域”一般是指相对完整的经济单元。区域是基于描述、分析、管理、计划或制定政策等目的而作为一个应用性整体所形成的一片地区，主要根据功能一体化原则或内部的同质性进行划分（Edgar Malone Hoover，1970）。

区域是客观上存在的一定范围，不能简单等同于人们思想观念上的空间概念。一般来说，区域的范围可大可小。大的区域可以指多个国家组成的一个大洲，甚至是由多个大洲组成的更大范围，也可以指某个具体的国家、省份、城市。小的区域则具体指某个县区、乡镇、村庄。此外，区域也可以指某个具有共同特征的空间单元。在区域经济学研究中，区域一般没有严格的界限，范围可大可小。在经济管理实践中，区域通常是指从特殊经济角度确定的尽可能完整的行政地区。随着互联网技术、区块链技术和金融科技的发展，区域也可以是虚拟空间中的某条区块链。

从地理范围来说，全世界被划分为 13 个大的区域，包括东亚、东南亚、南亚、北亚、中亚、西亚、北非、撒哈拉以南的非洲、欧洲东部和西欧、北美、拉丁美洲、大洋洲和南极洲。在经济问题分析中，通常将世界划分为欧美地区和亚太地区进行粗略比较研究。在世界区域划分上，我国属于亚太地区或东亚地区。由于地域辽阔、民族众多，国内的区域划分方式较多（见表 3－3）。

表 3-3　　　　我国主要区域划分情况一览

划分依据	包含地区
地理和经济特征	三大区域包括东部、中部、西部地区，六大区域包括华北、东北、华东、中南、西北、西南。
经济区域	东北、北部沿海、东部沿海、南部沿海、黄河中游、长江中游、西北、西南等。
经济圈	京津冀环渤海、粤港澳大湾区、长三角等。
省级行政区	包括 23 个省，河北省、山西省、辽宁省、吉林省、黑龙江省、江苏省、浙江省、安徽省、福建省、江西省、山东省、河南省、湖北省、湖南省、广东省、海南省、四川省、贵州省、云南省、陕西省、甘肃省、青海省、台湾省；5 个自治区，内蒙古自治区、广西壮族自治区、西藏自治区、宁夏回族自治区、新疆维吾尔自治区；4 个直辖市，北京市、天津市、上海市、重庆市；2 个特别行政区，香港特别行政区、澳门特别行政区。
金融集聚区	北京、上海、广州、深圳、温州等。

以 31 个主要省级行政区（不含台湾省、香港特别行政区和澳门特别行政区）为基础，可以将省级行政区以不同方式进行归类，形成我国不同区域的划分方式。以地理和经济特征为基础，我国主要有东部、中部、西部三大区域，也可以分为华北、东北、华东、中南、西北、西南六大区域。我国有不少典型的经济区域和经济圈，如东北、北部沿海、东部沿海、南部沿海、黄河中游、长江中游、西北、西南等经济区域，以及京津冀环渤海、粤港澳大湾区、长三角等经济圈。另外，北京、上海、广州、深圳、温州等典型城市形成的金融集聚区也是一类比较有特色的区域。

考虑到实施的可行性，在对区域金融以及区域金融风险进行分析时，主要以三大区域和 31 个省级行政区域为基础，研究主要区域金融发展、金融风险状况。在进行区域金融风险度量与预警研究时，选取典型城市和典型省份进行实证研究。

（二）区域金融

金融资源的供给与需求在空间分布上存在着明显的不均衡问题，金融体系运行也具有区域性不平衡特点。区域金融是指宏观金融体系在区域空间上的分布与运行。具有不同形态、不同层次和金融活动相对集中的若干金融区域是其外延表现。

不同区域金融发展存在一定差异。区域政治、经济、社会等方面的环境因素对区域金融运行与发展有着重要影响，是导致不同区域金融差异的主要原因。区域金融环境主要包括区域内政治、文化和金融创新环境，以及区域内金融市场化进程和区域金融风险防范化解机制等软环境，还包括区域产业发展水平、区域经济规模和结构、区域经济货币化、区域经济信用化程度以及区域经济运行效率、区域信息基础设施建设等硬环境。

不同区域经济发展水平决定该区域金融发展水平和金融结构特征，区域金融差异的核心表现是金融发展水平与金融结构特征差异。从数量方面反映区域金融差异的是区域金融发展水平差异，包括区域货币化程度、金融深化程度、金融资源数量、金融交易数量的不同。从质量方面反映区域金融差异的是区域金融结构差异，包括金融机构、金融产品、融资方式和金融行为等方面的不同。

（三）区域金融风险

区域金融风险强调地域概念，是一种不同于宏观金融风险和微观金融风险的中观尺度的金融风险。它没有宏观尺度的利率风险、汇率风险、购买力风险、政治风险引发整体金融风险的特征，也不完全等同于以信用风险、流动性风险、经营风险为主的微观金融风险。

从经济环境变化和实体企业经营来看，经济不景气导致实体企业盈利下降，资金链有可能出现断裂，贷款无法按期归还，影响商业银行等金融机构正常经营，降低信贷资金周转效率和金融资产流动性，增加金融机构流动性风险，引致区域性系统性金融风险。经济下行也会严重降低信贷有效需求，导致银行放款难和企业贷款难问题，经济发展水平相对落后地区金融机构出现严重的资金外流现象。在经济下行环境下，国家将会出台降息降准等系列政策刺激经济，金融机构盈利水平降低，金融市场不稳定性增加。

区域金融风险受到地方政府行为影响。在政治、经济等利益驱动下，地方政府直接干预或间接影响金融活动，金融资源运行效率降低，金融机构内控能力受限。地方政府行为可能加剧金融业的同质化经营，增大金融机构经营风险。地方政府对投资项目缺乏充分、必要论证，可能导致投资决策或经济决策失误，区域经济效益降低，资金短缺状况恶化，经济发展受到影响，实体企业和金融机构可能陷入严重危机，继而加剧区域金融风险。

区域金融风险主要表现在金融体系内部的稳健性以及运行有效性等方面。区域金融体系稳定有效运行，能够加快储蓄转化投资的速度，提升资金配置效率，提高资本边际生产率，有利于应对区域潜在威胁、化解区域金融风险，保障区域金融安全。区域金融体系不稳定，会扰乱定价体系和实体经济交易秩序，破坏区域正常生产活动，降低社会信用水平，阻碍融资活动正常进行，冲击区域经济健康稳定发展。

综上所述，本书认为区域金融风险是指国内某个区域范围内金融体系受经济环境、实体企业、地方政府、金融机构等关联方影响而产生的金融风险，主要是由个别或部分金融机构的微观金融风险在区域内传播、扩散，或者由经济环境变化、实体企业经营和地方政府行为等因素引起的区域内金融风险生成累积，也可以是由经济联系密切的跨区域金融风险向本区域传播、扩散引起的关联性金融风险。

二、区域金融风险的分类

（一）信用风险

信用风险是区域金融风险最集中、最重要的反映，主要体现在商业银行、非银行金融机构、民营金融机构等多个方面。对于商业银行而言，在经济下滑时期表内信贷资产不良率处于上升趋势，资产信贷质量持续下降。多个地区金融机构不良贷款率都曾超过 10%，不少区域的商业银行理财产品和代理销售理财产品业务关联风险较大。很多地区的证券公司、保险公司、信托公司等金融机构也存在着信用风险隐患。受国内外资本市场变动的影响，大多数区域的证券公司业务波动性普遍较大，是区域金融风险的主要隐患之一。保险公司保费收入增长变化较大，保险赔付率波动较大，风险生成累积也会增加区域金融风险。信托公司的信托贷款、委托贷款变化较大，也存在一定信用风险。不少区域的小额贷款公司、担保公司、典当行等民营金融机构主要服务资产规模小、资产质量差、稳定性弱的中小企业，这些企业抵押担保条件较差、信用水平较低，违约风险普遍较高。民营金融机构自身资金规模小、风险防控能力弱，其面临的信用风险普遍较高。

（二）市场风险

不同区域经济资源禀赋、产业结构存在一定差异。利率风险、汇率风险等市场风险对于不同区域金融风险生成累积的影响不同。外向型经济区域受汇率变动的影响更大。区域性证券中心、产权交易中心、权证交易所等区域证券市场的建立，有利于区域内企业进行直接融资。然而区域证券市场普遍缺乏明确的政策规范和有效的监督管理。一些通过区域证券市场直接改制的地方企业内部治理混乱、盈利能力较弱，经营风险很高。由于审批和监管的缺失，不少地方企业通过区域金融市场乱集资、变相集资，到期兑付风险极高。不少地方企业经营管理风险隐患较大，经营风险通过由金融机构担保或代理发行的企业债券转化为金融风险可能性较大。

（三）流动性风险

资金流动性关系到区域金融体系的稳健运行。充足的流动性有利于区域金融稳定发展。个别地区的商业银行等金融机构曾经出现过客户提取现金支付能力不足的危机。由于公司治理不完善、经营管理不善、不良贷款率过高等原因，城商行、农商行等地方性中小金融机构出现挤兑事件或支付危机概率较大，是重要的区域金融风险隐患之一。

（四）操作风险

受经济利益引诱，一些地区金融机构内部操作违规事件时有发生，造成了巨额经济损失，金融风险增大，影响区域金融经济健康发展。区域性中小金融机构内部操作漏洞为金融经济犯罪提供了便利。利用银行承兑汇票、大额存单、信用证、保单等进行资金诈骗的金融风险事件也时有发生，在一些地区还十分突出。

（五）法律政策风险

受区域金融法律环境变化或金融机构自身法律意识淡薄等因素影响，不少地区的金融市场交易活动、金融机构经营活动存在着不能履行合同而发生争议、诉讼或其他法律纠纷的情况，金融机构由此遭受经济损失风险。法律风险得不到及时有效管控，会增大区域金融风险。区域金融运行受国家和地区政策影响较大。货币政策、财政政策、行业政策等国家宏观政策和地区发展政策发生变化，会造成市场价格波动，产生区域金融风险。

（六）其他风险

地方政府债务风险是一种特殊的区域金融风险，主要分为地方政府融资平台风险和地方政府导向型风险。地方政府融资平台风险是指地方政府融资平台忽视还款来源保障，进行过度融资，无法还款而对商业银行等金融机构造成损失的可能性。地方政府导向型风险是指地方政府不正当干预对商业银行等金融机构造成损失的可能性。

外部输入风险是指区域内部受区域外部金融风险转嫁或传输影响而遭受损失的可能性。区域内金融机构对外投资无法收回而形成的坏账，或区域内金融机构、企业或个人在区域外的存款无法及时提取影响自身资金周转所造成的损失。

三、区域金融风险的特征与影响

（一）区域金融风险的特征

1. 区域金融风险具有社会危害性

商业银行、证券公司、保险公司等金融机构自有资本占比小，经营资金主要来源于实体企业和社会公众等客户，负债经营特点明显。金融机构与社会公众的关系是一种典型依附性债务债权关系，作为债务人的金融机构经营管理不善，无力偿还债务，就会导致客户发生挤兑，损害社会公众利益，危害区域经济社会健康稳定发展。

区域金融发展要与国家经济金融发展目标相一致，要与国家各项经济金融政策相配合，国家政策和宏观环境变化对区域金融发展产生影响，是区域金融风险产生的重要影响因素之一。区域金融是区域经济发展的核心，金融支持地区经济发展。区域金融发展受地方政府直接干预和间接影响较大，存在一定的风险隐患。互联网技术发展、金融科技创新对区域金融发展有着重要影响，也可能引发新的风险，区域金融风险日趋复杂多变，社会危害性不断增大。

2. 区域金融风险具有传染扩散性

区域经济环境恶化对区域内实体企业产生不良影响，造成大多数经济指标同时变差，大量企业同时出现经营困难，企业违约风险大幅上升。实体企业风险会传染扩散到区域金融体系，风险不断累积容易形成区域金融风险。受区域经济环境恶化的影响，金融机构内部风险也会快速上升，通过金融机构之间关联网络向其他金融机构传染扩散，风险不断累积会导致区域金融风险甚至是区域金融危机。

由于区域经济金融之间以及金融体系内部存在着复杂的关联关系，单个企业或金融机构的风险也存在传染扩散性，可能导致区域金融风险生成累积。即使是在区域整体经济状况比较良好的情况下，由于个别实体企业和金融机构的风险存在传染扩散性，区域金融风险可能快速生成累积甚至集中爆发，风险防范化解存在一定压力。

3. 区域金融风险具有可测可控性

在分析研究区域金融风险时，既要从整体上进行区域经济金融和金融体系内部关联关系分析，也要具体分析典型金融机构的风险状况。通过整体与典型相结合的分析研究，及时识别区域金融风险总量数据、个体数据变化及其形成原因，以便于及时有效地防范化解区域金融风险。

经济环境变化可能引致区域金融风险，增加风险的不确定性。区域金融风险主要来源于部分实体企业或金融机构的经营状况恶化，风险来源可以及时准确追踪，风险可控性较强。地方金融监管机构要积极主动地进行有针对性的风险监管，将有利于区域金融风险的防范化解。

(二) 区域金融风险的影响

1. 可能引发区域金融危机

个体金融风险如果得不到及时有效管控，可能扩散形成区域金融风险。区域金融风险累积到一定程度会引发区域金融危机，严重危害区域内部金融体系正常运转，甚至造成金融体系崩溃。随着区域金融风险的不断积累扩散，商业银行呆账、坏账逐渐增加，不良贷款率不断升高。为了保证业务经营的安全稳定性，商业银行将逐步提高发放贷款门槛，实体企业通过银行信贷融资难度增大。实体企业经营发展的资金负担变重，可能出现周转不灵。企业为维持正常经营，不得不通过民间借贷进行融资，但民间借贷多为高利贷，极大地增加了企业债务负担，企业风险大幅度升高，风险不断累积，可能演化成为区域金融危机。

2. 影响区域经济稳定发展

金融是现代经济的核心，是支持实体经济发展的重要力量。金融稳定，经济才能健康稳定发展。金融风险生成累积不仅会影响金融体系稳定运行，导致个别金融机构、金融市场出现问题，也会影响其正常为企业、家庭等经济部门提供信贷、股票、债券、信托、保险等金融产品和服务，阻碍企业、个人等资金需求方获得资金资源。单个金融机构的风险、金融市场的风险如果得不到有效管控，可能会传递扩散到金融体系内部的其他机构或市场中，逐渐累积形成区域金融风险。区域金融风险生成将会阻碍区域金融稳定与发展。金融风险则会通过实体企业、家庭部门等经济部门与金融机构签订的金融契约等向经济其他部门传递，阻碍实体企业正常生产经营，阻碍家庭部门正常生活，最终影响区域经济的健康稳定发展。

3. 形成全国性系统性危机

不同区域之间经济金融关系越密切，区域内部金融风险跨区域传染可能性越大、速度越快、影响越严重。区域金融风险如果得不到及时有效控制，非常容易形成全国性系统性金融危机，造成金融体系运转“失灵”，甚至引发经济危机，导致经济社会秩序混乱，严重危及国家经济社会稳定。区域金融风险可能增加地方政府的财政支出，不利于缓解国家财政收支紧张状况。区域金融风险阻碍资金正常流动，损害国家货币稳定，破坏货币政策目标，危及国家金融安全，影响国民经济健康稳定发展。区域金融风险也可能引致区域乃至全国经济危机，造成经济衰退。

第三节 区域金融发展与金融风险分析

为了更好地分析区域金融风险生成机制，进行典型区域金融风险度量与预警，需要从整体上分析我国主要经济区和省级行政区的金融发展现状，探析各区域存在的金融风险。

参照区域金融与区域金融风险的国内相关研究，根据经济发展水平和地理位置相结合的原则，将全国划分为东部、中部和西部地区。东部地区包括北京、天津、河北、辽宁、上海、江苏、浙江、福建、山东、广东、海南等省市，中部地区包括山西、吉林、黑龙江、安徽、江西、河南、湖北、湖南等省，西部地区包括重庆、四川、贵州、云南、西藏、陕西、甘肃、青海、宁夏、新疆、广西、内蒙古等省区市。

一、区域金融发展分析

面对国际复杂多变的经济环境和国内不断出现的经济社会发展问题，我国主要区域金融运行总体稳健，社会融资规模增长合理，支持实体经济发展的金融服务不断改善。然而，在金融发展方面仍然存在着较大的区域差异，金融改革有待进一步深化，区域金融依然存在风险隐患。

本部分研究主要经济区和主要省区市的金融发展情况。考虑到数据的可得性，将区域金融发展分为社会融资规模分析和保险业发展分析两个部分，从社会融资规模增量和原保费收入、赔付支出等方面对东部、中部、西部地区以及31个省区市金融发展状况进行分析，涵盖贷款、股票、债券、信托、保险等金融业发展情况。

（一）主要经济区金融发展分析

1. 主要经济区社会融资状况分析

区域金融发展反映在社会融资状况中。社会融资方式包括人民币贷款、外币贷款（转换成人民币元）、非金融企业股票融资、企业债券、信托贷款、委托贷款、未贴现的银行承兑汇票等。2017 年开始将地方政府专项债券纳入社会融资之中。

2016～2018 年，我国东部、中部和西部地区社会融资规模持续增长，增量部分先增后减，存在一定的波动性。东部地区社会融资规模增量在 10 万亿元上下小幅波动，中部地区、西部地区社会融资规模增量一直在 4 万亿元左右，中西部地区与东部地区金融发展存在较大的区域差异（见表 3－4）。

金融机构信贷方面，三大区域人民币贷款增量均稳步提高。2018 年，东部、中部、西部地区人民币贷款增量分别达到 86316 亿元、30184 亿元、28040 亿元，东部地区人民币贷款增量远高于中部、西部地区，中西部地区之间人民币贷款增量差异小（见表 3－4）。

2016～2018 年，三大区域未贴现银行承兑汇票融资规模均出现不同程度的下降。2016 年，东部、中部和西部地区未贴现银行承兑汇票融资规模分别降低 11671 亿元、2800 亿元和 5033 亿元，说明未贴现银行承兑汇票业务波动性大，风险隐患较大。

表 3－4　　2016～2018 年主要区域社会融资规模、人民币贷款增量　　单位：亿元

主要区域	社会融资规模增量			人民币贷款		
	2016 年	2017 年	2018 年	2016 年	2017 年	2018 年
北京	13446.00	9846.66	17784.00	5392.00	6778.63	7573.00
天津	3594.00	3465.31	3075.00	2821.00	2754.02	2408.00
河北	6327.00	9434.09	6160.00	5203.00	5532.43	4815.00
辽宁	4693.00	4985.15	3796.00	2550.00	2778.86	3840.00
上海	11466.00	12579.77	5765.00	5104.00	7606.47	6181.00
江苏	16758.00	17560.84	17699.00	12247.00	10999.94	13574.00
浙江	7485.00	15446.66	19499.00	5816.00	8718.03	15490.00

续表

主要区域	社会融资规模增量			人民币贷款		
	2016 年	2017 年	2018 年	2016 年	2017 年	2018 年
福建	6558.00	6585.23	5620.00	4239.00	4068.90	4631.00
山东	8312.00	10663.34	9225.00	6289.00	5873.92	7251.00
广东	21155.00	24507.02	22502.00	14285.00	15243.51	20054.00
海南	1900.00	1080.77	389.00	893.00	797.16	499.00
东部地区	**101694.00**	**116154.84**	**111514.00**	**64839.00**	**71151.87**	**86316.00**
山西	1831.00	3708.59	3239.00	1768.00	2246.27	2588.00
吉林	2790.00	1920.47	1510.00	1938.00	817.71	992.00
黑龙江	1941.00	2673.95	1218.00	1453.00	1448.60	837.00
安徽	6284.00	7998.72	5382.00	4690.00	4287.24	4320.00
江西	3876.00	6226.18	5792.00	3373.00	3980.94	4593.00
河南	6824.00	8063.79	7794.00	5077.00	5237.43	6088.00
湖北	5911.00	8262.30	6605.00	4794.00	5024.19	6111.00
湖南	4437.00	7341.66	6024.00	3495.00	4308.03	4655.00
中部地区	**33894.00**	**46195.66**	**37564.00**	**26588.00**	**27350.41**	**30184.00**
重庆	3411.00	4587.64	5000.00	2392.00	3079.90	3490.00
四川	6651.00	8934.89	8087.00	4810.00	5317.62	5947.00
贵州	4327.00	5085.89	4168.00	2807.00	3002.43	3847.00
云南	1824.00	3900.09	3433.00	2219.00	2356.01	2647.00
西藏	935.00	1037.84	542.00	925.00	995.66	514.00
陕西	3516.00	6600.69	3599.00	2159.00	2758.25	3815.00
甘肃	2720.00	3164.79	2347.00	2356.00	1754.31	1682.00
青海	609.00	1341.39	126.00	590.00	642.46	353.00
宁夏	530.00	978.90	529.00	550.00	665.37	475.00
新疆	1685.00	3276.12	836.00	1502.00	2314.68	1337.00
广西	2617.00	4321.82	4172.00	2529.00	2594.36	3331.00
内蒙古	2138.00	2666.75	1627.00	2227.00	2096.22	602.00
西部地区	**30963.00**	**45896.81**	**34466.00**	**25066.00**	**27577.27**	**28040.00**

资料来源：根据《中国金融年鉴》（2017 ~2019 年）数据整理而成。

在证券融资领域，2016 ~2018 年东部地区非金融企业股票融资规模增量分别为 8936 亿元、715.86 亿元、2964 亿元，中部地区分别为 2043 亿元、1431.84

亿元、343亿元，西部地区则分别为1437亿元、646.67亿元、299亿元，不同区域间差异较大（见表3－5）。

表3－5　　2016～2018年主要区域未贴现银行承兑汇票、非金融企业股票融资

单位：亿元

主要区域	未贴现银行承兑汇票			非金融企业股票融资		
	2016年	2017年	2018年	2016年	2017年	2018年
北京	646.00	129.96	－503.00	1464.00	958.69	387.00
天津	－1297.00	377.98	66.00	72.00	51.36	11.00
河北	－1003.00	60.54	－609.00	342.00	169.98	78.00
辽宁	－260.00	1331.06	1086.00	62.00	222.63	125.00
上海	17.00	297.70	－225.00	861.00	1144.49	186.00
江苏	－2424.00	－98.70	1065.00	1232.00	761.67	472.00
浙江	－1843.00	256.56	7.00	1294.00	1166.18	384.00
福建	－1156.00	281.78	－135.00	441.00	251.48	133.00
山东	－1507.00	38.55	－1074.00	446.00	582.39	191.00
广东	－2595.00	1291.87	－563.00	2313.00	1304.79	979.00
海南	－249.00	126.25	－7.00	409.00	20.41	18.00
东部地区	**－11671.00**	**2415.16**	**－892.00**	**8936.00**	**715.86**	**2964.00**
山西	－166.00	－7.60	－185.00	122.00	50.03	8.00
吉林	5.00	87.19	－82.00	109.00	149.68	17.00
黑龙江	82.00	311.70	－241.00	197.00	52.88	5.00
安徽	－372.00	275.89	－205.00	372.00	261.93	47.00
江西	－572.00	－221.94	－302.00	185.00	55.06	45.00
河南	－143.00	74.48	－52.00	393.00	250.75	31.00
湖北	－846.00	－111.98	－787.00	416.00	258.44	124.00
湖南	－788.00	332.35	－289.00	249.00	353.07	66.00
中部地区	**－2800.00**	**407.74**	**－2143.00**	**2043.00**	**1431.84**	**343.00**
重庆	－931.00	－64.33	－384.00	197.00	56.56	36.00
四川	－589.00	－520.10	16.00	172.00	207.07	83.00
贵州	－518.00	63.03	42.00	92.00	20.21	18.00
云南	－555.00	－126.68	－339.00	102.00	127.19	17.00
西藏	30.00	28.35	－79.00	14.00	15.97	34.00

续表

主要区域	未贴现银行承兑汇票			非金融企业股票融资		
	2016 年	2017 年	2018 年	2016 年	2017 年	2018 年
陕西	-344.00	220.41	-593.00	78.00	319.98	22.00
甘肃	-420.00	-214.07	-310.00	100.00	32.34	1.00
青海	-283.00	29.07	-198.00	53.00	0.00	0.00
宁夏	-138.00	118.51	-195.00	48.00	14.60	0.00
新疆	-523.00	69.34	-150.00	262.00	170.66	50.00
广西	-610.00	434.47	-17.00	148.00	7.70	37.00
内蒙古	-152.00	15.28	332.00	171.00	84.46	1.00
西部地区	**-5033.00**	**53.28**	**-1875.00**	**1437.00**	**646.67**	**299.00**

资料来源：根据《中国金融年鉴》（2017～2019 年）数据整理而成。

三大区域企业债券额度增量均出现巨幅波动。2017 年东部地区企业债券规模快速下降，降幅达到 1907.29 亿元，中部、西部地区企业债券规模增量分别为 1273.28 亿元、627.08 亿元，均大幅低于 2016 年和 2018 年本区域同期企业债券规模增量（见表 3-6）。

表 3-6　2016～2018 年主要区域企业债券、地方政府专项债券增量　单位：亿元

主要区域	企业债券			地方政府专项债券	
	2016 年	2017 年	2018 年	2017 年	2018 年
北京	3768.00	-2747.84	7006.00	708.32	207.00
天津	891.00	-231.02	704.00	597.08	791.00
河北	564.00	297.01	560.00	804.78	876.00
辽宁	467.00	-313.63	-411.00	892.40	271.00
上海	1920.00	351.48	1716.00	509.20	275.00
江苏	3626.00	1945.52	2382.00	1756.48	1580.00
浙江	1270.00	910.65	1544.00	1155.38	939.00
福建	1234.00	16.54	992.00	650.99	669.00
山东	1531.00	307.08	1401.00	1250.62	1409.00
广东	3715.00	413.09	3174.00	1088.45	1282.00
海南	231.00	13.85	-77.00	199.51	216.00
东部地区	**19217.00**	**-1907.29**	**18991.00**	**4162.37**	**8515.00**

续表

主要区域	企业债券			地方政府专项债券	
	2016 年	2017 年	2018 年	2017 年	2018 年
山西	361.00	460.30	527.00	354.65	246.00
吉林	76.00	136.90	183.00	294.93	276.00
黑龙江	45.00	55.51	-71.00	214.78	292.00
安徽	353.00	378.66	448.00	817.10	1310.00
江西	421.00	78.33	659.00	677.42	542.00
河南	379.00	81.93	480.00	895.78	600.00
湖北	829.00	460.31	551.00	770.10	703.00
湖南	1228.00	730.86	347.00	773.00	800.00
中部地区	**3692.00**	**1273.28**	**3124.00**	**3378.08**	**4769.00**
重庆	1180.00	-11.05	250.00	715.40	641.00
四川	596.00	383.28	803.00	1206.39	799.00
贵州	814.00	193.21	-9.00	948.13	669.00
云南	156.00	95.29	346.00	424.80	495.00
西藏	-2.00	29.50	41.00	18.18	13.00
陕西	351.00	83.48	560.00	517.00	477.00
甘肃	-206.00	-54.40	-67.00	219.99	229.00
青海	-59.00	-109.22	-168.00	128.56	41.00
宁夏	27.00	-8.30	26.00	57.38	90.00
新疆	263.00	102.59	-61.00	175.60	361.00
广西	198.00	33.85	161.00	779.82	553.00
内蒙古	-379.00	-111.15	-102.00	359.37	199.00
西部地区	**2939.00**	**627.08**	**1780.00**	**2431.69**	**4567.00**

资料来源：根据《中国金融年鉴》（2017～2019 年）数据整理而成。

2017 年，东部、中部和西部地区地方政府专项债券规模增量分别为 4162.37 亿元、3378.08 亿元和 2431.69 亿元，2018 年则分别为 8515 亿元、4769 亿元、4567 亿元，东部地区地方政府专项债券增速最快，西部地区次之，中部地区相对最慢（见表 3-6）。

从信托贷款情况来看，2016～2018 年东部和西部地区融资规模均呈现持续下降的趋势，2018 年两大区域信托贷款规模分别较上一年降低 4343 亿元、4 亿元。中部地区信托贷款规模则是先增后降，2016 年增加 340 亿元，2017 年增幅达到 2944.9 亿元，2018 年则减少 156 亿元。

信托公司的委托贷款也是重要的融资方式，能够反映金融发展状况。2016～2017 年，三大区域委托贷款规模出现增加，2018 年三大区域委托贷款规模则出现大幅下降，表明委托贷款波动性大，隐含金融风险（见表 3－7）。

表 3－7　2016～2018 年主要区域信托贷款、委托贷款增量　单位：亿元

主要区域	信托贷款			委托贷款		
	2016 年	2017 年	2018 年	2016 年	2017 年	2018 年
北京	574.00	1570.92	－334.00	2668.00	1128.75	－1784.00
天津	99.00	－132.12	－192.00	1120.00	－223.79	－929.00
河北	575.00	1880.85	－145.00	499.00	97.99	－118.00
辽宁	212.00	36.50	－50.00	1748.00	－175.82	－1476.00
上海	1882.00	1869.30	－1074.00	2233.00	221.47	－1296.00
江苏	9.00	620.00	－457.00	2210.00	374.95	－1890.00
浙江	445.00	1281.65	167.00	847.00	745.96	－364.00
福建	851.00	562.80	－1090.00	1025.00	－62.12	－613.00
山东	456.00	500.53	－380.00	1255.00	673.09	－887.00
广东	832.00	2793.90	－788.00	1772.00	242.41	－1876.00
海南	0.00	0.00	0.00	459.00	－152.34	－75.00
东部地区	**5935.00**	**1024.91**	**－4343.00**	**15836.00**	**995.84**	**－11308.00**
山西	60.00	157.93	－36.00	－414.00	194.49	－333.00
吉林	94.00	34.09	－55.00	451.00	147.93	－175.00
黑龙江	－3.00	357.10	215.00	134.00	108.60	9.00
安徽	33.00	1197.34	－255.00	1073.00	331.47	－701.00
江西	－255.00	838.26	－158.00	741.00	419.16	25.00
河南	221.00	525.73	162.00	484.00	177.40	－445.00
湖北	237.00	901.64	－71.00	395.00	521.15	－626.00
湖南	－47.00	288.08	42.00	294.00	187.36	40.00
中部地区	**340.00**	**2944.90**	**－156.00**	**3158.00**	**1900.20**	**－2206.00**
重庆	260.00	173.75	426.00	－221.00	－83.09	－242.00
四川	270.00	446.14	159.00	930.00	778.36	－840.00
贵州	142.00	230.40	－372.00	902.00	530.09	－279.00

续表

主要区域	信托贷款			委托贷款		
	2016 年	2017 年	2018 年	2016 年	2017 年	2018 年
云南	-568.00	326.02	-38.00	365.00	237.22	-165.00
西藏	-92.00	-95.98	-35.00	43.00	29.68	29.00
陕西	514.00	2197.89	-533.00	695.00	243.78	-454.00
甘肃	630.00	1144.45	736.00	345.00	74.34	-138.00
青海	105.00	577.00	27.00	179.00	36.31	-14.00
宁夏	0.00	0.00	0.00	32.00	49.06	-7.00
新疆	123.00	65.12	-512.00	-45.00	215.71	-393.00
广西	0.00	0.00	0.00	200.00	265.87	-188.00
内蒙古	-197.00	-217.88	138.00	378.00	72.04	129.00
西部地区	**1187.00**	**1058.43**	**-4.00**	**3803.00**	**1087.02**	**-2562.00**

资料来源：根据《中国金融年鉴》（2017 ~ 2019 年）数据整理而成。

2. 主要经济区保险业发展分析

除了多样化的社会融资方式外，保险也是金融的重要组成部分。2016 ~ 2019 年，全国原保费收入不断增加，2019 年达到 42644. 8 亿元。东部、中部和西部三大区域的原保费收入均持续增加，东部地区从 18157. 3 亿元增长到 23077. 1 亿元，中部地区从 6921. 38 亿元增长到 11360. 1 亿元，西部地区则从 5807. 56 亿元增长到 8155. 79 亿元（见表 3 -8）。

表 3 -8　　2016 ~ 2019 年主要区域原保费收入　　单位：亿元

主要区域	2016 年	2017 年	2018 年	2019 年
全国	30959.10	36581.00	38016.60	42644.80
北京	1838.96	1973.15	1793.34	2076.45
天津	529.49	565.01	559.98	617.89
河北	1495.27	1714.45	1790.63	883.34
辽宁	1115.68	1275.43	1188.20	1289.96
上海	1529.26	1587.10	1405.79	1720.01
江苏	2690.25	3449.51	3317.28	3750.21
浙江	1784.88	2147.31	2273.80	2627.28
福建	917.60	1032.08	1081.43	1174.77

续表

主要区域	2016 年	2017 年	2018 年	2019 年
山东	2302.19	2737.80	2958.85	3237.86
广东	3820.51	4304.60	4663.88	5496.70
海南	133.21	164.83	183.10	202.67
东部地区	**18157.30**	**19364.20**	**21216.30**	**23077.10**
山西	700.55	823.92	824.88	1989.16
吉林	557.12	641.63	629.90	679.37
黑龙江	685.52	931.41	899.11	952.16
安徽	876.10	1107.16	1209.73	1348.65
江西	608.71	727.56	753.59	835.19
河南	1555.15	2020.07	2262.85	2430.84
湖北	1051.77	1346.77	1470.92	1728.57
湖南	886.46	1110.18	1255.07	1396.12
中部地区	**6921.38**	**8708.70**	**9306.05**	**11360.10**
重庆	601.61	744.75	806.24	916.46
四川	1712.08	1939.39	1958.08	2148.66
贵州	321.28	387.73	445.88	489.26
云南	529.37	613.28	667.99	742.10
西藏	22.25	28.01	33.45	36.65
陕西	714.74	868.69	969.39	1033.49
甘肃	307.66	366.38	398.98	444.32
青海	68.73	80.18	87.66	98.44
宁夏	133.90	165.21	182.83	197.67
新疆	439.90	523.77	577.26	654.00
广西	469.17	565.10	629.03	664.92
内蒙古	486.87	569.91	659.50	729.82
西部地区	**5807.56**	**6852.40**	**7416.29**	**8155.79**

数据来源：根据《中国统计年鉴》（2017～2020 年）数据整理而成。

从保险赔付支出来看，2019 年全国赔付支出为 12894 亿元，东部、中部、西部地区分别为 6845.16 亿元、3384.35 亿元、2609.86 亿元。与原保费收入区域分布类似，东部地区保险赔付支出额度最高，中部和西部地区赔付额度与东部地区差异较大，两地区之间的差异则较小（见表 3－9）。

表 3-9　　2019 年主要区域保险赔付支出　　单位：亿元

主要区域	赔付支出	主要区域	赔付支出	主要区域	赔付支出
北京	718.95	河北	549.84	云南	260.65
天津	158.17	吉林	206.82	西藏	22.58
山西	278.6	黑龙江	324.05	陕西	300.03
辽宁	406.34	安徽	419	甘肃	151.59
上海	654.9	江西	280.76	青海	34.81
江苏	998.6	河南	667.86	宁夏	63.57
浙江	877.55	湖北	512.26	新疆	237.58
福建	364.19	湖南	423.76	广西	237.93
山东	902.84	**中部地区**	**3384.35**	内蒙古	200.8
广东	1425.24	重庆	278.99	**西部地区**	**2609.86**
海南	59.78	四川	634.76	全国	12894
东部地区	**6845.16**	贵州	186.57		

数据来源：根据《中国统计年鉴》（2020 年）数据整理而成。

由上述分析可知，我国东部、中部和西部地区融资规模不断扩大，原保费收入逐渐增长，金融业发展较为稳定。中部地区、西部地区金融发展差异较小，但与东部地区存在较大差距，也就是我国东部、中部和西部地区金融发展差异较大。

（二）主要省区市金融发展分析

1. 主要省区市社会融资状况分析

从社会融资总体规模来看，2016～2018 年 31 个省区市的社会融资规模均不断扩大，增速存在一定的差异。三年之中，广东省社会融资规模增量均超过 2 万亿元，增量一直位列全国第一。江苏省社会融资规模增量也超过了 1.6 万亿元，位列全国第二。2016～2018 年，西藏自治区社会融资规模增量分别为 935 亿元、1037.84 亿元、542 亿元，青海省社会融资规模增量分别为 609 亿元、1341.39 亿元、126 亿元，宁夏回族自治区社会融资规模增量分别为 530 亿元、978.9 亿元、529 亿元，是社会融资额增长相对较少的三个省区。不同省区市之间社会融资规模增量差异较大，反映出不同省区市之间金融发展的较大差异（见表 3-4）。

具体来说，31 个省区市人民币贷款规模均稳步增加。2018 年，广东省、浙江省、江苏省人民币贷款额分别较上年同期增加20054亿元、15490亿元、13574亿元，排名全国前三。海南省、宁夏回族自治区、青海省人民币贷款额分别较上年同期增加499亿元、475亿元、353亿元，是贷款规模增量最少的三个省区，区域间差异较大（见表3－4）。

2016～2018年，不同省区市未贴现银行承兑汇票融资额变化较大，不少省区市融资规模出现大幅缩减。2016年，仅北京市、上海市、吉林省、黑龙江省、西藏自治区未贴现承兑汇票融资额较上一年略微增加，其余26个省区市融资额均出现不同程度的减少。2017年未贴现银行承兑汇票融资状况有所好转，不少省区市融资规模扩大。2018年未贴现银行承兑汇票融资状况又出现恶化，仅天津市、辽宁省、江苏省、浙江省、四川省、贵州省和内蒙古自治区融资规模增加，其余省区市融资规模降低（见表3－5）。

非金融企业股票融资方面，31个省区市融资规模均不断扩大，融资增量呈现下降趋势，如2016年广东省融资额增加了2313亿元，2018年仅增加979亿元。不同区域之间融资规模增量存在一定差异，如2018年青海省、宁夏回族自治区融资规模与上一年同期一致，甘肃省、内蒙古自治区融资规模较上一年仅增加了1亿元（见表3－5）。

2016～2018年，31个省区市的企业债券融资规模变化区域差异较大。2016年，仅西藏自治区、甘肃省、青海省、内蒙古自治区企业债券融资额降低。2017年，北京市企业债券融资规模缩减2747.84亿元，江苏省企业债券融资规模则增加了1945.52亿元，不同区域之间存在较大差异。2018年，辽宁省、海南省、黑龙江省、贵州省、甘肃省、青海省、新疆维吾尔自治区、内蒙古自治区企业债券融资规模出现不同程度的缩减（见表3－6）。

2017年，31个省区市地方政府专项债券融资额均出现增长，不同区域增长量差异较大，江苏省地方政府专项证券融资额增加了1756.48亿元，西藏自治区融资额仅增加18.18亿元。2018年，各省区市地方政府专项债券融资规模继续扩大，江苏省融资规模增量达到1580亿元，西藏自治区融资规模增量仅为13亿元，各省区市之间仍然存在较大差异（见表3－6）。

由表3－7主要省区市信托贷款数据可知，不少省区市融资规模出现缩减。

2016 年，黑龙江省、江西省、湖南省、云南省、西藏自治区、内蒙古自治区信托贷款融资规模分别减少 3 亿元、255 亿元、47 亿元、568 亿元、92 亿元、197 亿元。2017 年，仅河北省、西藏自治区和内蒙古自治区信托贷款规模出现减少。2018 年，信托贷款规模缩减省区市增多，各省区市之间融资规模增量差异大。

与信托贷款类似，各省区市委托贷款融资规模变化也有很大差异。2016 年和 2017 年仅有少数省区市委托贷款融资规模增量出现负值。2018 年大多数省区市委托贷款融资规模缩减，江苏省、广东省委托贷款融资规模缩减分别达到 1890 亿元、1876 亿元，仅黑龙江省、江西省、湖南省、西藏自治区、内蒙古自治区委托贷款融资规模扩大（见表 3 -7）。

2. 主要省区市保险业发展分析

2016 ~2019 年，31 个省区市原保费收入总体上呈现增长趋势。2018 年，北京市、天津市、辽宁省、上海市、江苏省、吉林省、黑龙江省原保费收入较上年略有下降。各省区市原保费收入之间存在较大差距，2019 年广东省原保费收入达到 5496.7 亿元，西藏自治区原保费收入仅为 36.65 亿元（见表 3 -8）。

2019 年各省区市保险赔付支出差异大，广东省、江苏省、山东省保险赔付支出分别达到 1425.24 亿元、998.6 亿元、902.84 亿元，排名全国前三。西藏自治区、青海省、海南省保险赔付支出仅为 22.58 亿元、34.81 亿元、59.78 亿元，排名最后三位（见表 3 -9）。

我国主要省区市贷款、股票、债券、信托、保险等金融业总体发展良好，融资规模不断扩大，但也有个别年份出现融资规模缩减的状况。各省区市之间差异较大，东部地区融资规模远高于中西部地区。也就是说，我国区域金融发展存在较大差异。

二、区域金融风险分析

与区域金融发展分析类似，区域金融风险分析也从主要经济区和主要省区市风险分析两个方面展开。我国金融体系以银行业为主，信贷规模大，信贷质量对金融风险影响较大。过高的不良贷款额、不良贷款率在很大程度上能够说明金融体系的高风险。不少学者以不良贷款指标作为金融风险代表变量进行相关研究。因此，采用不良贷款等风险相关指标进行区域金融风险分析。此外，还选取广东国投破产案、温州金融风波、包商银行事件、永煤债券违约事件等区域金融风险案例进行风险成因分析。

（一）主要经济区金融风险分析

2006 年，东部地区不良贷款余额高达 8580. 26 亿元，此后 3 年不断下降，2009 年降到 4648. 7 亿元，随后又开始上升，2018 年达到 10734. 8 亿元。中部地区不良贷款余额波动较大，2007 年高达 3682. 2 亿元，2008 年大幅下降至 896. 7 亿元，2009 年降至 773. 5 亿元，随后缓慢上涨，2014 年达到 1359. 07 亿元，2018 年东部地区不良贷款余额高达 4298. 8 亿元。西部地区不良贷款规模总体上也是先降低后上涨的，2006 年不良贷款余额为 2437. 2 亿元，2013 年降低到 648. 5 亿元，2018 年又上升到 3997. 7 亿元（见图 3－1、表 3－10）。

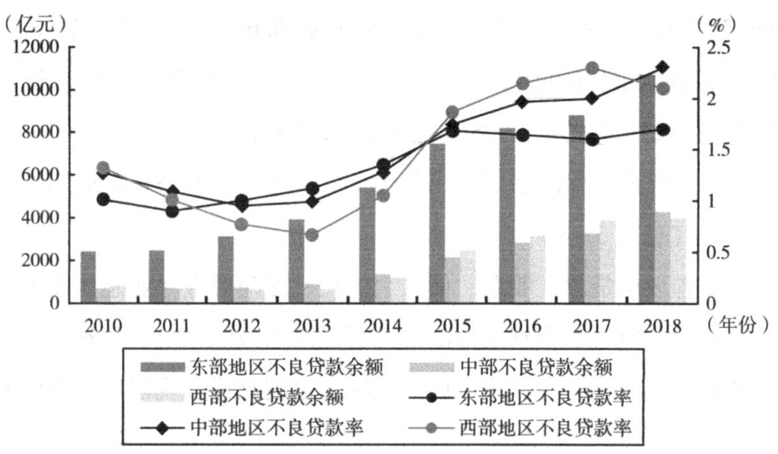

图 3－1　2010～2018 年东部、西部和中部地区不良贷款余额与不良贷款率

数据来源：根据《中国金融统计年鉴》（2011～2019 年）数据整理而成。

2010～2018 年，三大区域不良贷款余额不良贷款率总体上呈现上升趋势，2018 年中部地区不良贷款率达到 2. 3%。信贷风险水平不断提高，在一定程度上说明区域金融风险较高，风险隐患突出（见图 3－1、表 3－10）。

表 3-10 2006~2018 年主要区域不良贷款余额

单位：亿元

主要区域	2006 年	2007 年	2008 年	2009 年	2010 年	2011 年	2012 年	2013 年	2014 年	2015 年	2016 年	2017 年	2018 年
总行	330.42	356.20	210.60	210.90	341.10	325.60	383.20	416.50	418.26	605.90	841.90	987.80	1160.00
北京	490.75	387.30	226.60	190.40	209.30	208.10	173.60	176.90	293.01	366.30	260.20	274.10	262.10
天津	227.83	232.70	115.00	108.60	128.70	107.90	97.60	121.80	190.59	304.00	375.80	525.50	758.20
河北	566.04	578.20	187.00	149.30	119.30	103.30	94.50	108.00	146.20	272.30	502.20	619.90	787.90
辽宁	827.45	763.60	248.80	197.70	174.00	190.70	208.80	233.10	362.57	444.30	606.20	928.50	1470.70
上海	432.81	366.20	237.10	230.50	209.70	179.70	237.80	313.10	370.70	397.30	307.70	281.20	340.50
江苏	562.49	478.50	311.40	293.80	326.80	360.20	528.90	717.50	848.00	1104.40	1146.10	1148.60	1302.90
浙江	236.48	198.00	259.50	334.20	319.70	387.20	790.50	1035.70	1219.88	1600.70	1568.10	1305.80	1113.00
福建	229.34	198.80	120.30	105.50	90.40	98.40	135.80	246.30	454.12	719.20	782.40	646.80	531.70
山东	753.75	738.60	287.10	262.90	267.50	280.50	346.20	426.70	716.78	1081.10	1321.10	1726.80	2495.70
广东	1772.86	1383.60	569.00	540.80	582.40	561.90	521.20	541.90	802.19	1151.50	1300.90	1352.50	1588.20
海南	144.04	137.10	19.00	15.10	10.90	11.40	9.40	10.30	14.18	21.90	27.70	33.70	84.00
东部地区	**8580.26**	**7825.80**	**4799.40**	**4648.70**	**4789.80**	**4825.90**	**5539.50**	**6360.80**	**7850.48**	**7402.10**	**9910.20**	**8815.60**	**13912.90**
山西	267.92	361.90	161.80	138.70	105.30	106.40	91.50	107.20	196.39	315.10	409.50	407.30	434.60
吉林	346.71	346.10	99.60	76.80	59.20	48.40	47.20	58.90	93.29	140.20	290.10	347.30	401.20
黑龙江	579.66	556.90	103.20	75.50	51.00	52.90	48.30	53.20	109.99	138.50	182.60	237.70	250.40
安徽	356.79	367.00	82.80	74.80	72.60	89.60	114.90	147.10	219.08	362.30	357.90	402.00	562.10
江西	274.15	285.60	82.80	68.20	66.40	64.80	92.10	116.70	158.28	268.30	357.80	433.30	617.40

续表

主要区域	2006 年	2007 年	2008 年	2009 年	2010 年	2011 年	2012 年	2013 年	2014 年	2015 年	2016 年	2017 年	2018 年
河南	829.91	878.40	150.20	127.20	124.80	123.50	119.50	127.90	178.52	316.80	473.90	571.50	1051.70
湖北	447.69	448.80	101.40	106.60	106.80	120.30	116.60	161.10	236.68	341.20	415.80	434.90	500.80
湖南	434.92	437.50	114.90	105.70	112.00	100.80	97.50	122.30	166.84	287.60	361.60	464.40	480.60
中部地区	**3537.75**	**3682.20**	**896.70**	**773.50**	**698.10**	**706.70**	**727.60**	**894.40**	**1359.07**	**1854.90**	**2849.20**	**3298.40**	**4298.80**
重庆	188.22	160.20	65.90	54.70	84.40	68.50	58.40	51.70	75.87	180.30	256.30	267.40	283.70
四川	538.96	555.00	497.30	302.70	259.40	214.10	194.90	173.00	319.81	573.40	763.90	951.10	930.40
贵州	150.93	142.20	60.40	50.70	46.40	40.90	41.40	44.90	81.97	165.60	249.00	427.30	361.80
云南	235.40	256.20	93.00	88.10	92.40	94.00	64.60	58.20	107.83	273.60	409.70	448.00	426.40
西藏	28.26	35.90	8.40	7.50	12.00	7.60	4.30	4.50	3.47	4.30	6.00	9.20	11.30
陕西	355.22	346.30	113.90	111.60	92.50	89.90	75.30	77.70	143.11	319.70	389.90	377.20	338.00
甘肃	165.10	187.80	55.70	46.40	36.80	33.30	24.70	23.40	25.26	85.80	155.30	336.10	480.40
青海	76.11	70.60	20.90	20.20	27.70	24.70	21.50	21.70	25.32	57.40	72.00	90.60	97.80
宁夏	55.60	58.70	8.20	6.20	9.10	17.40	14.90	22.10	37.53	54.50	77.40	97.00	168.80
新疆	248.04	260.90	58.40	51.60	41.00	37.50	50.10	46.70	60.02	83.00	125.40	138.40	155.10
广西	211.35	253.70	84.90	67.10	54.40	52.70	46.40	61.10	113.82	246.90	242.20	223.10	249.70
内蒙古	184.01	181.50	66.30	44.70	42.50	38.10	52.00	78.30	221.22	441.10	438.90	507.80	494.30
西部地区	**2437.20**	**2509.00**	**1133.30**	**851.50**	**798.60**	**718.70**	**648.50**	**663.30**	**1215.23**	**2044.50**	**3186.00**	**3537.10**	**3997.70**
境内小计	12549.14	12009.90	4821.50	4264.50	4276.30	4240.40	4903.60	5905.50	8410.74	12724.40	15075.60	17002.90	20191.40

数据来源：根据《中国金融统计年鉴》（2007 ~2019 年）数据整理而成。

（二）主要省区市金融风险分析

2006～2018年，各省区市不良贷款余额总体上呈现先减少后增加的趋势，不同年份之间差异大。例如，2006年，天津市、江西省、四川省不良贷款余额分别为227.83亿元、274.15亿元、538.96亿元。2018年，三省市不良贷款余额分别达到758.2亿元、617.4亿元、930.4亿元。北京市、黑龙江省、新疆维吾尔自治区等不良贷款规模也呈现先减少后增加的趋势，但2018年不良贷款规模低于2016年不良贷款规模（见表3－10）。

不良贷款率方面，2006年和2007年各省区市不良贷款率均处于较高水平。2008～2018年，大部分的省区市不良贷款率逐渐降低。2006年，黑龙江省、海南省、吉林省、青海省、河南省不良贷款率分别高达23.38%、21.1%、17.45%、16.96%、15.99%，2018年仅为2.3%、1.6%、3.1%、2.3%、2.9%。2006年，不同省区市之间不良贷款率差异也较大，浙江省、上海市、江苏省、北京市、福建省不良贷款率仅为1.41%、2.56%、3.43%、3.6%、3.97%。2007年情况与2006年类似，不同省区市之间不良贷款率差异大。2008～2018年，不同省区市之间不良贷款差异缩小趋势明显（见表3－11）。

由前述分析可知，我国不同省区市不良贷款规模扩大趋势明显，不良贷款率则随着业务规模扩大呈现下降趋势。虽然各省区市信贷违约风险整体可控，但仍然存在着不少风险隐患，区域金融风险事件时有发生，风险防范化解存在一定的压力。

三、区域金融风险事件分析

近些年我国主要区域金融发展良好、风险可控，但也有个别地区、个别金融机构前期积累问题较多，风险加速暴露，出现过严重的风险事件。因此，研究广东国投破产案、温州金融风波、包商银行事件、永煤债券违约事件等典型区域金融风险案例，有利于更好地探析区域金融风险产生原因，更加有效地进行风险防范化解。

（一）广东国投破产案

1. 广东国投的成立与快速发展

广东国际信托投资公司（以下简称广东国投）成立于 1980 年 7 月，注册资金为 12 亿元。1983 年公司经中国人民银行批准成为拥有外汇经营权的非银行金融机构，1989 年成为全国对外借款窗口。广东国投经营规模不断扩大，“窗口公司信用”（“窗口公司”与当时的经济特区类似，是一种“公司特区”）为其在国内外广泛融资提供了便利，也是推动广东省经济社会发展的重要力量。

表 3 - 11　2006 ~ 2018 年各省区市不良贷款率　单位：%

主要区域	2006年	2007年	2008年	2009年	2010年	2011年	2012年	2013年	2014年	2015年	2016年	2017年	2018年
总行	6.48	6.50	3.50	3.54	1.91	1.45	1.37	1.28	1.49	1.88	2.10	1.90	1.80
北京	3.60	3.04	1.62	1.03	0.85	0.77	0.59	0.54	0.72	0.84	0.55	0.50	0.40
天津	5.32	5.26	2.25	1.43	1.16	0.87	0.70	0.79	1.11	1.60	1.79	2.30	3.10
河北	11.54	11.43	3.42	1.85	1.11	0.84	0.66	0.64	0.74	1.18	1.87	2.00	2.20
辽宁	11.90	12.25	3.64	2.15	1.35	1.31	1.20	1.18	1.46	1.64	2.09	2.90	4.10
上海	2.56	2.68	1.59	1.23	0.79	0.61	0.74	0.91	1.02	1.01	0.68	0.60	0.60
江苏	3.43	2.82	1.61	1.10	0.86	0.81	1.04	1.23	1.31	1.55	1.42	1.30	1.30
浙江	1.41	1.07	1.19	1.16	0.86	0.91	1.68	1.98	2.04	2.50	2.26	1.70	1.20
福建	3.97	2.98	1.60	1.06	0.70	0.64	0.76	1.22	1.94	2.77	2.73	2.10	1.60
山东	6.52	6.33	2.20	1.49	1.14	1.01	1.07	1.17	1.72	2.32	2.48	3.00	4.00
广东	8.43	6.38	2.42	1.68	1.36	1.16	0.93	0.86	1.15	1.43	1.38	1.30	1.30
海南	21.10	19.32	2.56	1.58	0.90	0.78	0.55	0.49	0.55	0.69	0.73	0.80	1.60
山西	8.50	11.02	4.57	2.86	1.68	1.45	1.04	1.04	1.70	2.34	2.72	2.40	2.30
吉林	17.45	18.61	5.08	2.75	1.36	0.94	0.80	0.87	1.14	1.47	2.68	3.00	3.10
黑龙江	23.38	24.60	4.90	2.52	1.42	1.17	0.93	0.91	1.55	1.72	2.04	2.40	2.30
安徽	9.97	10.20	2.11	1.39	0.88	0.91	0.96	1.03	1.30	1.86	1.60	1.60	1.90
江西	11.66	11.48	3.13	1.80	1.24	1.03	1.19	1.28	1.44	2.08	2.22	2.30	2.80
河南	15.99	16.80	2.79	1.73	1.27	1.10	0.91	0.82	0.97	1.48	1.84	1.90	2.90
湖北	9.88	9.15	1.92	1.48	1.12	1.06	0.87	1.02	1.28	1.58	1.68	1.50	1.50
湖南	12.60	12.05	2.85	1.86	1.47	1.12	0.91	0.99	1.16	1.67	1.75	1.90	1.70

续表

主要区域	2006年	2007年	2008年	2009年	2010年	2011年	2012年	2013年	2014年	2015年	2016年	2017年	2018年
重庆	6.00	4.65	1.57	0.90	0.91	0.63	0.46	0.35	0.46	0.99	1.28	1.20	1.10
四川	9.84	9.52	7.27	3.13	1.82	1.30	1.02	0.79	1.26	2.00	2.33	2.50	2.20
贵州	7.92	7.51	2.92	1.93	1.25	0.95	0.78	0.69	0.97	1.60	2.02	3.00	2.10
云南	6.69	6.66	2.15	1.50	1.26	1.14	0.69	0.56	0.94	2.18	3.07	3.00	2.50
西藏	14.32	16.60	3.96	3.07	4.03	1.95	0.70	0.45	0.23	0.23	0.27	0.30	0.40
陕西	11.50	10.91	3.18	2.23	1.35	1.10	0.77	0.68	1.08	1.99	2.23	2.00	1.50
甘肃	11.84	13.43	3.76	2.39	1.57	1.19	0.72	0.55	0.47	1.13	1.77	3.40	4.40
青海	16.96	15.46	4.06	2.76	2.61	1.93	1.32	1.08	1.00	1.90	2.10	2.40	2.30
宁夏	9.05	9.96	1.19	0.62	0.66	1.06	0.75	0.84	1.20	1.58	2.05	2.30	3.70
新疆	15.52	16.47	3.83	2.52	1.37	1.04	1.12	0.80	0.84	1.00	1.40	1.40	1.40
广西	8.12	8.75	2.60	1.43	0.91	0.77	0.59	0.69	1.13	2.18	1.91	1.60	1.50
内蒙古	8.28	7.94	2.51	1.16	0.82	0.57	0.66	0.88	2.16	3.97	3.57	3.80	3.50
境内小计	7.09	6.72	2.43	1.59	1.14	0.98	0.98	1.03	1.29	1.74	1.81	1.80	1.90

数据来源：《中国金融统计年鉴》（2007～2019年）。

自1983年开始，广东国投与日本、美国、英国、法国等国家的几十家银行签订了贷款协议。截至1985年，与广东国投签约的国外银行达到38家，信贷额度高达3亿美元。1986年日本公社债研究所给予广东国投AA信用评级，同年9月公司首次在日本成功发行了200亿日元为期10年的武士债券。1987年8月广东国投在香港特区发行了5000万美元的亚洲债券。1988年5月，公司在伦敦发行了200亿日元的欧洲日元债券。广东国投在海外融资方面发挥着重要的作用。

1993年3月广东国投获得了美国穆迪公司相当于主权债券评级的AA级债券信用评级，同年11月又获得标准普尔公司类似的债券信用评级，标志着公司在更成熟也更严格的欧美债券市场拿到了高级别的准入证。随后，公司在欧洲市场和美国市场分别发行了1.5亿美元债券。随着经营规模不断扩大，公司逐步从单一经营信托业务发展成为以金融和实业投资为主的企业集团。

2. 潜伏的风险隐患与经营危机

20 世纪 90 年度初期的广东国投发展迅速，非常辉煌。但是公司也潜伏着很高的风险隐患和巨大的经营危机，过度扩张、管理混乱、内部腐败等问题逐渐暴露出来。公司由于经营管理混乱，存在大量高息揽存、账外经营、拆借资金混乱、投资混乱等违规经营活动，导致不能支付到期巨额境内外债务，出现了严重资不抵债的状况。在亚洲金融危机面前，广东国投并未改变经营管理机制，在对外融资及对内引资揽储后，仍然漫无节制地向境内外 500 多家债务人发放贷款近 130 亿元。由于没有严格资信审查，这些债务人多数不能按期偿还债务，导致广东国投发生了严重的外债支付危机。与此同时，香港粤海企业集团公司也不能支付到期的巨额外债，广东省中小金融机构尤其是农村信用社出现群众挤提存款现象。

3. 风险集中暴发与破产清算

1997 年亚洲金融危机暴发，日本和我国香港特别行政区的广东国投主要债权人受到严重冲击。与此同时，世界各国收缩对外投资，纷纷要求广东国投偿付对外到期债务。1998 年 5 月广东国投对外应付债务达到 12 亿美元，面临巨额支付危机。1998 年 10 月 6 日，中国人民银行决定关闭广东国投公司，并组织关闭清算组对其进行关闭清算。由清算结果可知，广东国投公司的总资产为人民币 214.71 亿元，负债人民币 361.65 亿元，总资产负债率达 168.23%，资不抵债人民币 146.94 亿元。广东国投基本失去了生存能力，最终进入破产清算。同时，中央借资 380 亿元给广东稳定银行和金融支付，维护地方金融稳定。

（二）温州金融风波

1. 温州模式形成与发展

20 世纪 80 年代中期，社会学家费孝通先生率先提出了“温州模式”（Wenzhou Model），主要是指浙江温州地区以家庭工业和专业化市场方式发展非农产业所形成的小商品、大市场的发展格局。这种模式以日用小商品生产企业为核心，形成了交通运输、饮食服务、民间信贷等门类齐全的社会化服务体系。温州经济发展迅速，1980年全市生产总值仅为17.969亿元，1999年已经达到729.075亿元（见表3－12）。金融是支持“温州模式”发生的重要力量，特别是民间资金对温州民营经济的发展功不可没，成就了“温州模式”。

进入21世纪以后，温州市积极引导、鼓励民营企业走国际化道路。温州民间资本总体规模庞大，在全国各地甚至是国外进行各种工业投资、商业投资和股权投资等活动，资本流动也出现了跨区域化。大量民间资本对外投资，形成了行业性的温州市场和跨区域的温州经济。虽然民间的各种非正规的融资渠道是温州民营企业融资的重要来源，但是一直存在融资成本高、风险隐患多等问题。

2. 温州金融风险生成累积

以出口为导向的劳动密集型产业受全球性金融危机影响严重，作为“世界工厂”的温州也是其中的代表。2008年，温州市生产总值为2407.46亿元，生产总值发展指数（以上年为100）由2007年的114.2下降到108.2，第二产业、第三产业和人均GDP发展指数均出现不同程度下降，经济增长速度明显放缓（见表3－12）。2009年，不少资金流向房地产、股票、农产品期货等高风险领域，推高通货膨胀率，2009年达到了5.9%。根据中国人民银行温州中心支行的调查数据，65%的温州民间资本进入了房地产市场、股票市场，仅有30%回归实体经济。

信贷过度、炒房严重等现象在温州发生，民间投机资本将资金价格炒高到30%以上，不少民营企业主动负债、高杠杆运作，立人集团、信泰集团、海鹤药业等部分企业资产负债率700%～1000%，存在严重的风险隐患。例如，立人集团十多年持续高息民间揽储，民间借贷历时长、金额巨大、涉及人员多、影响广泛。

为遏制高通货膨胀，稳定经济发展，2010年1月，我国开始实行相对紧缩的财政政策、货币政策。2010年，中国人民银行6次上调存款准备金率，实体经济资金短缺明显，生产正常运转受到影响，不少规模小、抵押条件差的企业通过民间融资维持正常生产经营。但是民间融资快捷便利背后隐藏着高利率、高风险，在“互联互保”的助推下很容易发生资金链断裂。

表 3－12　1980～2013 年温州市生产总值及生产总值发展指数

（上年为 100）

年份	生产总值（亿元）	生产总值发展指数	第一产业发展指数	第二产业发展指数	第三产业发展指数	人均 GDP 发展指数
1980	18.00	118.50	110.50	131.50	112.00	116.40
1981	19.18	104.90	99.20	107.00	111.30	103.00
1982	21.37	107.10	114.30	97.30	113.30	105.20
1983	24.34	111.50	99.70	119.60	117.90	109.80
1984	30.21	124.70	121.60	129.10	122.20	122.80
1985	37.81	119.20	106.30	135.90	108.70	117.50
1986	44.91	114.10	103.50	117.70	120.80	112.70
1987	54.96	114.00	107.50	117.80	113.80	112.70
1988	69.21	114.80	107.20	117.90	116.50	113.30
1989	72.84	100.60	101.30	104.90	90.90	99.40
1990	77.90	102.30	90.70	108.70	99.70	101.20
1991	92.92	118.40	112.60	119.70	122.20	117.30
1992	126.86	130.80	106.80	147.70	126.40	129.60
1993	196.06	142.60	100.80	161.90	129.60	141.20
1994	295.87	118.30	85.40	128.60	114.20	117.10
1995	401.66	120.90	120.20	121.50	119.60	119.80
1996	507.06	122.90	109.70	126.50	119.30	121.80
1997	601.85	116.20	108.00	118.10	114.20	115.30
1998	672.06	112.30	104.10	111.80	116.70	111.20
1999	729.08	111.80	104.00	112.20	113.40	110.80
2000	822.02	112.30	104.10	112.70	113.90	110.90
2001	924.30	112.30	103.40	111.80	114.50	111.00
2002	1052.35	113.10	103.80	112.60	115.10	112.80
2003	1212.49	114.70	100.90	115.70	115.10	114.40
2004	1388.91	114.00	103.10	114.80	114.10	113.40
2005	1590.82	113.00	98.00	114.30	112.90	112.40
2006	1826.92	113.10	99.70	114.30	112.90	112.40

银行89%的股权）违法、违规占用包商银行大量资金，逾期难以归还，造成银行资不抵债，导致严重的信用危机出现，触发了法定的接管条件被依法接管。

3. 包商银行风险处置

针对包商银行出现的严重信用风险，为保护存款人和其他客户合法权益，2019年5月24日，银保监会依照相关法律设立接管组对其实行接管，接管期限一年。同年7月，接管组开始行使包商银行经营管理权，10月决定以新设银行收购承接的方式推进包商银行改革重组。

2020年1月，接管组遴选出徽商银行，由其收购包商银行并负责承接4家区外分行及其相关业务，随后徽商银行发布公告称该行与其他发起人将共同新设蒙商银行，负责承接包商银行区内总、分行的相关业务。2020年4月蒙商银行正式成立。2020年11月，银保监局同意包商银行进入破产程序。2021年2月，包商银行被人民法院裁定破产。

（四）永煤债券违约事件

1. 违约事件发生的背景

2007年6月，永城煤电控股集团有限公司（简称永煤控股）成立，公司总部位于河南省永城市，主要从事煤炭、铁路、化工及矿业等业务。永煤控股是河南能源化工集团有限公司（简称河南能化，是河南省规模最大的省级煤炭企业集团）的子公司，公司的实际控制人为河南省国资委。

全球气候变化的影响越来越大，世界国家重视程度不断提高，一直在加速能源结构调整，很多发达国家已逐步采用清洁能源替代煤炭能源消费。受此影响，2017~2019年全球煤炭产量逐年增长，但增速呈现下降趋势。新冠肺炎疫情对全球宏观经济的巨大打击进一步导致煤炭产量下滑，全球煤炭产量同比出现了大幅下降。

在煤炭、化工等行业环境变化的背景下，2017年永煤控股归属于母公司的净利润为0.22亿元。2018年公司盈利出现大幅下降，归属于母公司的净利润为－11.44亿元。2019年公司经营状况持续恶化，归属于母公司的净利润为－13.17亿元。2020年经营状况仍然不佳，归属于母公司的净利润为－4.51亿元。

2. 违约事件经过及原因

2020 年 11 月 10 日，永煤控股公告称因流动资金紧张，截至 2020 年 11 月 10 日，公司未能按期筹措足额兑付资金，“20 永煤 SCP003”未能按期足额偿付本息，已构成实质性违约，违约本息金额共计 10.32 亿元。随后，永煤控股相关债券集体暴跌，河南省煤企债券遭遇抛售。

永煤控股债券违约的原因主要有两个方面：一是债券市场处于熊市，融资环境收紧，债市融资困难，债券兑付压力集中；二是经营受疫情与贸易变局的影响，煤炭企业供给侧结构性改革红利减弱，加之受化工业务亏损影响，公司流动性收紧，未及时筹集偿付的资金，最终出现违约。

更为重要的是，永煤控股债券信息披露存在非常严重的违法违规。证监会通过立案调查和审理，确认了该公司存在的 861 亿元货币资金虚增的信息披露违规行为。证监会《行政处罚决定书》显示，永煤控股自 2007 年成立至证监会调查前，均根据控股股东河南能化的要求进行资金归集，但永煤控股仍将这部分资金计入货币资金项目下并在财务报表中予以披露。具体来看，2017 年至 2020 年 9 月 30 日，永煤控股财务报表分别虚增 112.74 亿元、235.64 亿元、241.07 亿元、271.74 亿元，分别占其当期披露货币资金总额的 54.03%、62.56%、57.28%、57.86%，虚增货币资金累计达 861.19 亿元。

2018 年 1 月至 2020 年 10 月期间，永煤控股累计发行银行间债务融资工具 21 期，非公开发行公司债 3 期。在相关债务融资工具和私募债募集说明书、定期报告等文件中，永煤控股将应收河南能化的往来款作为货币资金列报，导致其合并报表层面虚增货币资金。另外，永煤控股在部分债务融资工具募集说明书中，关于受限货币资金的陈述存在虚假记载，加之存在未按规定披露股权质押事项，导致债务融资工具募集说明书存在重大遗漏等信息披露违规行为。

3. 违约事件影响分析

具有地方国企背景的永煤控股债券评级为 AAA，出现严重违约事件，对河南省相对弱资质的城投、民企形成信用风险冲击。债券违约事件也加剧了债市投资者对部分国企暴发债券违约的担忧，对债券市场产生了连锁冲击，影响波及全国煤炭类债券以及河北、山西、云南等地国企债，对信用债市场健康发展产生了不利影响。

（五）典型风险事件总结

广东国投破产受产权模糊、政企不分、内部治理混乱等因素的影响，教训深刻，影响深远。作为我国首例非银行金融机构破产案，反映出市场经济转型时期的诸多问题。监管机构要加强对地方法人金融机构的监管，对风险过高的金融机构要及时采取措施进行风险处置，地方法人金融机构在业务经营过程中也要加强内部治理，提升风险管理能力，多方共同努力，维护区域金融经济健康稳定发展。

温州金融风波从表面上看是由商业银行盲目授信，中小企业盲目贷款、非理性投资造成的，实质上是商业银行僵化的、不切实际的“信贷文化”造成的，是中小企业“公司治理”不健全、经营不规范造成的。温州金融风波为我国区域金融风险敲响了警钟，当时温总理视察温州时强调“做到早发现、早处置，防止风险扩散蔓延，防范区域性风险”。

包商银行事件虽然只是由内部治理问题引发信用危机的个案，但却敲响了防范中小银行风险的“警钟”。中小银行在我国金融机构体系中并不占据主导地位，但金融业作为一个复杂的生态系统，单一金融机构的区域性金融风险在“蝴蝶效应”作用下，通过金融市场传播和放大，也可能触发系统性金融风险，进而对我国金融稳定和金融安全形成严峻挑战。

永煤债券违约是宏观和行业环境变化、企业业务经营不稳定、财务信息虚假披露等多方因素共同作用的结果，是信用债券市场典型的违约事件。该风险事件反映出信用债券市场监管混乱、债券信用主体评级虚高、企业财务信息披露要求不够严格、主承销商尽职调查不细致等问题。信用债券市场风险管理需要监管部门、发行企业、评级机构和主承销商等多方共同努力。

第四章

基于经济关联网络的区域金融风险理论分析

首先，本章阐述利益相关者理论、金融契约理论和资产负债管理理论等区域金融风险的理论基础；其次，构建包含实体企业、地方政府、金融机构和家庭部门等区域经济主要部门的关联网络，并进行相应的关联关系分析；最后，分析经济环境变化背景下的区域金融风险生成机制。

第一节 区域金融风险的理论基础

本章从区域经济主要部门的视角出发，分析区域金融风险生成机制，因此以利益相关者理论、金融契约理论和资产负债管理理论等为基础。

一、利益相关者理论

利益相关者理论主要分析公司经营管理的利益相关者。该理论能够较好地支持区域经济部门之间关联关系的分析，有利于研究区域金融风险的生成机制。

（一）利益相关者理论内涵

在全球经济金融不断变化发展的背景下，公司治理理论得到了快速发展。其中，股东中心理论认为企业运行的终极目标是实现股东利益最大化，委托代理理论、产权理论和管家理论均围绕“股东利益至上”治理原则，强调股东享有企业剩余索取权和剩余控制权（Grossman and Hart，1986）。随着企业经营范围和影响力的不断扩大，影响企业生产运营的利益团体越来越多，股东中心理论的局限性越来越明显。Freeman（1984）认为公司治理目标需要考虑其他利益相关者，股东、债权人等所有利益相关者都应拥有公司所有权。20 世纪末，利益相关者理论在契约理论的基础上产生，并随着经济金融生态环境变化不断发展，逐步形成了较为全面的理论框架，成为一个独立的理论分支（Eric Rhenman，1964；Freeman，1984；Clarkson，1994；et al.）。利益相关者理论影响着各国公司治理发展和法律法规修订。

企业是人力资产和人际关系的集合（Penrose，1959），利益相关者是支持企业等组织生存的有效团体（斯坦福大学研究所，1963），是企业持续经营发展的重要力量（Eric Rhenman，1964），通过个人或群体自身作用影响企业等组织目标实现（Freeman，1984）。更具体地来说，利益相关者在承担企业经营风险的基础上，通过为企业投入资金、实物、人力等不同形式的专属资本来实现自身利益（Clarkson，1994）。

利益相关者理论认为企业利益相关者是不同要素（大多为公司专用资产）提供者组成的一个系统，企业的经营目标不应该仅仅是追求股东权益最大化，而应该是追求利益相关者利益最大化，也就是说，利益相关者要拥有企业部分所有权并参与公司内部治理。利益相关者理论拓展了委托代理理论中委托人的主体资格，认为股东仅是企业资本提供主体，而其他主体（供应商、债权人以及公司员工）同样为企业发展贡献了力量，企业经营绩效对这些主体也有较大影响，这些主体也应享有公司治理权。利益相关者理论将利益相关者纳入公司治理的框架之中，开拓了公司治理研究的新境界，推进了公司治理理论的发展和深化。

利益相关者理论的研究重点体现在利益相关者划分上，国际通用的利益相关者划分是多锥细分法和米切尔平分法。在多锥细分法中，利益相关者主体不同，拥有资源不同，对企业影响也不同，因此一种划分是将利益相关者分为：①企业董事和经理人等持有公司内部股票的所有权利益相关者；②企业员工、债权人、内部服务机构、其他供应商、企业所处社区以及监管机构等与企业有经济或其他往来的经济依赖性利益相关者；③政府机关、媒体等与企业在社会利益上有密切往来的社会利益相关者（Freeman，1984）。另外，Frederick（1988）从利益相关者对企业影响方式进行划分，将主体分为直接利益相关者和间接利益相关者，包括与企业发生市场交易关系的直接利益相关者（股东、顾客、企业员工等），以及与企业发生非市场关系的间接利益相关者（政府、社区、社会活动团体等）。

米切尔评分法将利益相关者的判定和分类进行了有机结合。企业利益相关者应具备“合法性、权力性以及紧迫性”，按属性分值来判定主要有三种类型：①同时拥有合法性、权力性和紧迫性的确定型利益相关者，包括股东、雇员和顾客等企业首要关注和密切联系的对象；②有三种属性中任意两种的预期型利益相关者，拥有合法性和权利性的利益相关者（投资者、雇员和政府部门等），拥有合法性和紧急性的利益相关者（媒体、社会组织等），拥有紧急性和权力性的利益相关者（通过暴力手段达到目的的政治和宗教极端主义者、激进社会分子等）；③只具备一种属性的潜在型利益相关者。

（二）利益相关者与区域金融风险

一家公司（实体企业、金融机构等）的利益相关方主要包括股东、董事、监事、高管和基层员工等公司内部相关人员，以及债权人、供货商和消费者等企业外部相关人员。利益相关者也可涵盖公众、社会、外部环境以及媒体等其他对公司组织活动产生间接影响的个人或团体。不同公司之间相互关联，互为利益相关者。分析区域经济部门的利益相关者有利于更好地进行区域经济金融关系研究，更好地进行区域金融风险生成机制分析。

实体企业、地方政府、金融机构和家庭部门等区域经济主要部门相互之间均有利益关联，互为利益相关者。实体企业和金融机构内部之间也有着复杂的利益关联关系。对于实体企业和金融机构来说，利益相关者包括内部与其有直接联系的股东、董事、监事、管理者和员工等，也包括外部债权人、地方政府、监管机构等。

区域内部的实体企业发展受区域资源禀赋、产业发展战略、区域经济结构等因素影响，要充分考虑地方政府这一外部关联方的影响。与此同时，实体企业经营需要资金资源，金融机构也是其重要的利益相关方，两者主要通过金融契约产生关联关系。如果实体企业面临的风险水平高，出现经营不善，无法偿还贷款，出现违约情况，那么风险会传递到金融机构，区域金融风险水平则相应提高。

区域内部的金融机构业务经营关系到股东、员工、借款人、金融监管机构和地方政府等多个利益相关者，影响着地方经济社会发展。金融机构仅仅考虑股东权益最大化，忽视贷款客户和其他利益相关者的利益，风险隐患较大，可能出现风险事件，金融机构内部风险水平变高，不利于金融机构业务的长远发展，也将影响区域金融经济稳定发展。

因此，从利益相关者的角度来看，实体企业和金融机构在业务经营发展过程中都应该考虑内外部关联方的利益，完善内外部治理机制，管控经营风险。在实体企业和金融机构内部，要完善公司治理结构，有效发挥“三会一层”作用。特别是实体企业、金融机构要处理好与地方政府之间的关系，在不断健全的公司治理机制下，权衡地方政府利益相关者的利益诉求。

同时，实体企业和金融机构要发挥独立董事和外部监事代表的小股东等弱势利益相关者的关键性作用，在内部利益相关者多方博弈中，提升业务经营决策的合理性，有效管控风险。实体企业和金融机构也要考虑战略发展需要，加快特色产品开发，适度开展业务多元化，适时推进企业上市，扩展融资渠道，倒逼实体企业和金融机构完善内部治理机制，提升经营管理水平，提高风险管理能力。此外，金融机构还要在地方金融监管要求指引下开展信贷业务，管控信贷风险，减缓货币政策、信贷政策等经济环境冲击对信贷业务的不利影响。

李扬等（2005，2006～2007）将金融产品服务的生产者设定为金融主体，主要包括直接提供金融产品和服务的金融机构、金融市场等，也包括通过制定政策和实施监管直接影响金融机构、金融市场运行以及金融监管机构和中央银行；将包含本国和外国居民、企业、政府等个人和组织组成的金融产品服务消费者，以及与金融主体相关的社会、经济、法制和文化环境等纳入金融生态环境的范围（见图4－1）。

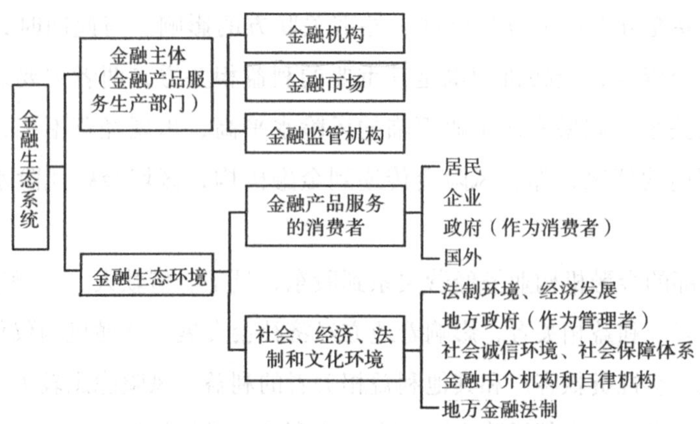

图 4－1　金融生态系统

资料来源：李扬，王国刚，刘煜辉．中国城市金融生态环境评价［M］．中国金融出版社，2005.

从金融生态环境的角度来说，实体企业、地方政府、金融机构等区域经济主要部门是整个金融生态系统的重要组成部分。区域经济主要部门的界定与金融生态环境系统的分析是契合的，与实体企业相联系的利益相关者主要是金融主体、区域经济社会环境等。

与之不同的是，从利益相关者视角分析区域经济部门之间的关联关系，重点是实体企业、金融机构内部利益相关者以及地方政府对区域金融风险的影响，而金融生态视角的区域金融风险分析则更加关注区域经济金融环境的影响。总体来看，两种分析都是围绕实体企业和金融机构等区域经济部门，研究不同部门之间以及实体企业、金融机构内部关联关系，对经济环境变化下的区域金融风险生成机制分析均有指导意义。

二、金融契约理论

金融契约理论的根源是企业契约理论，分析的重点之一是金融契约存在的信息不对称问题。该理论是实体企业与金融机构关联关系分析的基础，也是分析实体企业风险向金融体系传递的重要依据。

（一）企业契约与金融契约理论

“企业契约理论”将企业看成一系列契约的组合，该组合包含债权人、物质资本所有者和人力资本所有者等利益相关者。也就是说，企业是具有不同资本的个人和组织通过谈判来分配各自责任、权利和利益而形成的一份有约束力契约（Ronald H. Coase，1937）。企业产权、交易成本和委托代等理论研究方法为企业契约理论分析提供了便利（Williamson，2002），使其成为公司治理不可替代的分析工具。

随着企业契约理论的出现和发展，20 世纪 70 年代，金融领域的专家学者开始分析存在信息不对称的金融契约，研究企业资本结构中存在的委托代理问题，分析交易费用对企业资本结构的影响，进而构建基本的金融契约理论分析框架。该理论将内部公司治理和外部市场融资结合起来，认为企业发行证券是与外部资金供给方建立权利契约关系的过程，可以缓解内部不同利益群体之间出现的权利冲突和利益矛盾。金融契约理论始于完全契约理论视角的金融契约分析，而后开始从不完全契约视角研究金融契约关系。在完全契约理论中，信息是可以被全部预期的，第三方监督和执行也是完全的，因此可以通过短期静态分析推导与事后企业投资项目现金流收益效率分配相对应的金融契约激励相容机制。不完全契约改变了完全契约分析假定条件，在个人有限理性和信息不对称不完全的基础上，从动态视角分析契约双方如何配置现金流量、设定契约具体条款和激励约束条件。

Jensen 和 Meckling（1976）从“代理成本”视角分析债务契约。史密斯、华纳（1979）和哈特（1995）均使用债务契约的概念分析财务契约，前者主要研究实际债务契约中所包含的各种债券条款，后者将需求资本的一方与拥有资本一方之间达成的具体条款界定为债务契约。债务契约的签订使债务资本的特殊控制权由债权人手中转移到债务人手中（阿洪、博尔顿，1992）。张先治（2000）认为信贷合约等融资契约都是债务契约，契约当事人（利益相关者）之间博弈形成的协议是融资契约，由于契约当事人信息是不对称，他们在契约中的谈判力有所差异，选择和决策的合理性也受到影响。

契约当事人掌握的对方信息不对称不完全，签订契约环境复杂多变，契约当事人可能出现逆向选择行为，债务契约具有不完全性，因此债务契约条款不可能面面俱到，必然存在某些考虑不周到的地方，契约双方之间存在未知的“公共领域”（巴泽尔，2003）。随着外部监管有效性和“公共领域”可知性的提升，企业当事人之间信息更透明，投机行为将减少。契约当事人选择具体的契约条款需要权衡契约成本与监督成本，债务契约完全程度与交易总成本之间有非线性的“U”形关系。

从契约的角度来看，银行贷款、股票、保单等金融产品都是一种典型的契约。银行贷款契约的当事人是商业银行和借款人。银行贷款资金具有负债性，除了与借款人之间有债务契约关系外，还与贷款资金提供者（存款人）有债务契约关系，存款人是银行的债权人，而存款是银行的主要负债业务之一。股票是股东和企业之间契约关系的凭证，股东通过入股企业，为企业发展提供资金，对企业经营管理有着直接影响，但是企业股权往往较为分散，股东数量较多，单个股东尤其是小股东对企业经营管理决策的影响有限，因此股票融资可以看作一种软约束的契约。

（二）金融契约与区域金融风险

债务契约理论，特别是其激励相容机制，为商业银行与借款人之间的信贷契约分析提供了思路。企业债券主要由相对分散的个人或其他企业持有，他们是企业的债权人，基于风险分散考虑对企业债券投资也往往较为分散。

作为债权人的商业银行，信贷业务集中度相对较高，倾向于向某些企业或行业发放大量贷款。对于借款企业来说，银行贷款占外源融资的比重较大，发放贷款的银行对其直接影响较大，需要在股权融资和债权融资等外源融资之间进行权衡。商业银行是否发放贷款以及发放多少贷款决定着企业债务融资能力和资金流动性水平。因此，在信贷合约中商业银行的债务谈判能力一般强于企业，合约条款也往往有着对商业银行更加有利的破产保证补偿机制和较高的抵押担保要求（见表4－1）。破产保证补偿机制和较高的抵押担保要求有利于商业银行管控违约风险，防范化解金融风险。

对于实体企业来说，企业规模大小、股权性质等均会影响融资方式。大型企业、国有企业抵押担保条件更好，容易直接从商业银行等金融机构获得资金资源。这些企业违约概率较低，但在经济下行压力加大的环境下，也存在着一定的经营风险，对商业银行等金融机构产生不利影响，提升金融风险，风险不断累积也可能产生区域金融风险。

表4－1　　不同债权人的相对谈判力比较

债权人种类		银行债权人	企业债券持有人
债务谈判能力		强	弱
影响因素	债权人的集中程度	集中	分散
	债权人达成统一行动的难易程度	容易	较难
	来自该债权人的清算要挟的可信度	较高	较低
	债权人对违约企业未来融资的影响力	较大	较小
	债权规模	巨大	较小

资料来源：张鹏．债务契约论［M］．上海财经大学出版社，2003.

中小企业抵押担保条件较差，从商业银行等金融机构直接获得信贷等金融产品的可能性较差。中小企业发展壮大需要信贷等金融产品的支持，因此往往通过担保机构或者个人担保提升抵押担保条件，间接地与商业银行签订金融契约。中小企业自身经营以及担保链条都存在不少风险隐患，一旦担保机构或个人出现问题，风险会沿着担保链条传递到金融机构，产生金融风险，甚至引发区域金融风险。

三、资产负债管理理论

在商业银行经营管理理论中，资产管理理论和负债管理理论产生的较早，两种理论对商业银行经营管理产生了不同的影响。而后出现的资产负债管理理论是商业银行经营管理理论的重要组成部分，该理论能够综合地支持商业银行稳健经营与均衡发展。由于证券公司、保险公司等金融机构有着与商业银行较为类似的资产负债结构，负债经营特点明显，因此资产负债管理理论也能够更好地支持证券公司、保险公司等金融机构的经营发展。

（一）资产负债管理理论内涵

20世纪70年代末，主要国家金融市场利率大幅上升，负债管理在负债成本提高和经营风险增加等方面的缺陷越来越明显。单纯的负债管理已经不能满足商业银行经营管理的需要。这一时期各国金融管制放松，银行吸收存款的压力减小，商业银行由单纯偏重资产或负债管理转向资产负债综合管理。

资产负债管理理论并不是对资产管理、负债管理理论的否定，而是在共同的目标之下、同等的经济环境之中，将资产和负债两个方面联系起来进行全盘考虑，是吸收了前两种管理理论的合理内涵，并对其进行了发展和深化的一种综合理论。该理论是资产管理理论和负债管理理论在更高层次上的结合，主要目的是促使商业银行达到资产与负债的优化配合，以便于保持银行资金盈利性、流动性和安全性的均衡，谋求经营收益最大化与经营风险最小化。

资产负债管理理论认为，商业银行单靠资产管理或单靠负债管理，难以形成安全性、流动性和盈利性的均衡。商业银行要根据经济情况的变化，通过资产、负债的统一协调管理，对资产、负债两个方面业务进行全方位、多层次的管理，保证资产负债结构调整的及时性、灵活性，保证流动性供给能力，实现经营总方针的要求，达到最终经营目标。因此，资产负债综合管理理论亦称“多元化管理理论”。

该理论是现代商业银行普遍使用的基本管理方法和手段，中国人民银行1994年颁发了《关于对商业银行实行资产负债比例管理的通知》，使这一理论正式引入中国。国内众多商业银行在经营管理中陆续采用资产管理与负债管理相结合的综合管理，在追求盈利性的同时进行保持流动性和安全性，促使商业银行不断进行风险管理，及时管控金融风险。

（二）资产负债管理与区域金融风险

资产负债管理理论主要分析商业银行内部资产管理与负债管理综合协调的相关问题。该理论对保险公司、证券公司、信托公司等其他类型的金融机构经营管理也有较大影响。

金融机构要追求多元化管理目标，将盈利目标与安全目标有机结合，提升风险管理能力，开展全面风险管理。要在业务发展过程中，及时发现资产管理和负债管理中的相关风险隐患，有效地进行风险识别、度量、预警等相关工作。

金融机构内部风险生成累积与资产负债管理有着密切关系。如果金融机构没有较好地进行资产负债管理，金融风险可能会不断生成累积，对金融机构以及区域金融体系产生不利影响，甚至诱发区域性危机。

第二节

区域经济关联网络构建与分析

区域经济关联网络的基础是网络节点—区域经济主要部门，而实体企业、地方政府、金融机构和家庭部门等主要部门，则是构建区域经济关联网络的前提条件。

一、区域经济主要部门

（一）实体企业

实体企业是区域性经济社会发展的重要力量。作为生产经营性部门，实体企业是金融资源需求方，通过多种方式融资，对资金具有依赖性，负债经营特征明显。受股权结构、企业规模等因素的影响，实体企业获得金融资源的能力、杠杆率和经营风险存在着一定差异。

（二）地方政府

地方政府是区域产业发展的制度政策制定部门，主要依据地区资源禀赋制定并执行区域产业发展战略，影响实体企业发展和区域经济结构。同时，地方政府也是区域金融发展和风险防控政策的制定部门，直接和间接地影响着金融机构业务经营和风险管理。

（三）金融机构

金融机构是区域金融体系的重要组成部分，是实体企业和家庭部门所需金融资源的供给方，也从家庭部门等资金盈余方获取资金资源。受主营业务同质化、治理机制不完善等问题影响，金融机构是金融体系内部风险的主要来源。

（四）家庭部门

家庭部门由普通居民构成，以存款者身份为银行类金融机构提供业务经营资金，支持金融机构业务发展，也影响着流动性风险等金融风险生成。同样，家庭部门也是金融资源需求方，通过信贷、证券、保险、信托等方式获取金融资源，满足生活需求。

二、区域经济金融关联网络构建

由利益相关者理论可知，实体企业、地方政府、金融机构、家庭部门等都是区域金融风险的相关方，以四个经济部门作为关联网络“节点”，构建区域经济关联网络（见图4-2）。

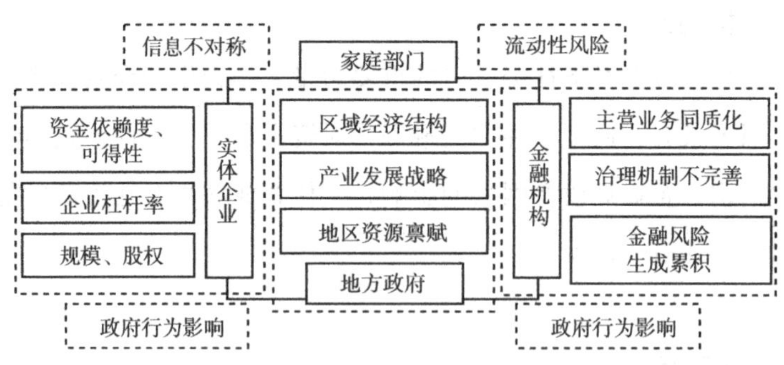

图4-2 区域经济金融关联网络示意图

区域经济关联网络的主体是实体企业、地方政府、金融机构和家庭部门，四部门内部存在着关联关系，不同部门之间也有着较强的关联关系。关联网络的运行主要依赖于区域政治、经济、金融等活动。地区资源禀赋、区域经济结构和产业发展战略等因素影响区域经济部门之间的关系。金融风险在区域经济部门关联活动的过程中生成累积，影响着区域经济社会健康稳定发展。

三、区域经济部门关联关系分析

（一）实体企业内部关系

实体企业在经营过程中通过直接和间接方式获得融资，不断维持和扩大生产。金融资源具有稀缺性，实体企业之间对金融产品的竞争较为激烈。大型企业、国有企业普遍实力较强，担保抵押条件较好，容易获得金融产品。中小企业、非国有企业信用水平一般较差，抵押物规模小、数量少，很难满足金融机构签订契约所需的条件，主要通过信用水平高的个人、担保公司提供的信用担保或者企业间的相互担保从银行等金融机构获得金融资源。

（二）金融机构内部关系

在业务经营过程中，金融机构要保持负债业务和资产业务均衡发展，加强资本管理，适时调整资金配置。在追求流动性和盈利性的同时，金融机构需要关注风险，保持安全性。然而，金融机构之间竞争较为激烈，经营扩张过快、业务同质化、资本管理水平有限等问题突出，风险隐患较多，风险不断在金融机构内部累积，存在着暴发的可能性。

（三）地方政府与实体企业关系

基于区域资源禀赋，地方政府制定区域发展战略，促进区域经济结构转型升级。积极跟随区域发展战略、依托区域资源禀赋发展的企业实体更容易获得金融资源，实现持续稳定发展，企业杠杆率和风险水平较低。而受区域发展战略和区域资源禀赋有利影响较小的企业获得金融资源的难度较大，担保抵押关系复杂，杠杆率和风险水平较高。

（四）实体企业与金融机构关系

在区域经济金融关系中，实体企业与金融机构之间的关系主要体现在金融机构为实体企业提供金融产品和服务。为了不断扩大生产，实体企业通过与金融机构签订金融契约，获得信贷等金融产品和服务，但也有不能及时偿还贷款或无法偿还贷款等行为的可能性，存在着风险隐患。金融机构与实体企业之间的信息不对称则会加剧金融风险。

（五）地方政府与金融机构关系

地方政府是区域经济金融关联关系中的重要节点，其行为对金融机构业务经营有着直接和间接的影响。地方政府主要通过政策引导等方式间接影响区域内各类金融机构业务经营发展和风险管理，也会通过持股、高管任命等方式参与地方法人金融机构的公司治理和业务开展。

（六）家庭部门与金融机构关系

家庭部门主要通过储蓄等金融活动与金融机构产生关联。银行存款是家庭部门获得利息收益的主要来源，也是商业银行经营资金的重要来源，影响着银行业务经营和流动性。在个别银行出现信誉危机或流动性紧缺时，金融机构违约风险增大，家庭部门受信息不对称和“羊群效应”影响，恐慌情绪蔓延，可能出现挤兑行为，金融风险增大。

第三节 区域金融风险生成机制分析

区域金融风险既来自实体经济风险向金融机构的传递，也来自金融机构内部。金融风险在金融体系不断累积，如果风险处置不及时，则有引致区域性系统性金融风险的可能性。

区域金融风险生成始于实体经济业务发展，经济扩张增大实体企业风险隐患，经济下行压力加大促使实体企业风险隐患暴露可能性变大，地方政府行为影响实体经济风险向金融体系传递，加之金融体系内部风险生成，区域金融风险逐渐累积（见图4－3）。

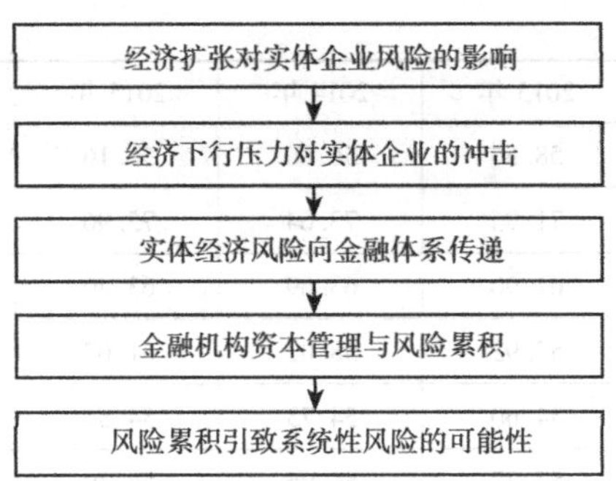

图 4-3　区域金融风险生成机制

一、经济扩张对实体企业风险影响分析

经济扩张时期，实体企业需要资本等生产要素不断扩大生产，获取更多的收益。实体企业主要通过与金融机构签订金融契约，获得信贷等金融产品和服务，过多的信贷等金融资源提高了企业的杠杆率，风险隐患增多，风险暴发的可能性增大。中小企业、非国有企业信用水平普遍较差，更多地会通过抵押、担保等传统方式间接地获得金融资源，“中小企业、非国有企业—信用水平高的个人或担保公司—银行等金融机构”担保链条增大了企业的风险隐患。

2016 年，全国规模以上工业企业资产负债率（简称企业资产负债率）为 56.48%，16 个省区市的企业资产负债率高于全国水平，山西省、青海省分别高达 75.96%、69.17%。2019 年全国范围的企业资产负债率超过 56%，17 个省区市的企业资产负债率高于全国平均水平，青海省、山西省仍然是资产负债率最高的省份。主要省区市较高的企业负债率，说明主要实体企业经营能力较强，也反映了企业经营存在较高杠杆率，违约风险隐患较大（见表 4-2，图 4-4）。

表 4-2　2012～2019 年主要省区市规模以上工业企业资产负债率　单位：%

地区	2012 年	2013 年	2014 年	2015 年	2016 年	2019 年
全国	57.96	58.08	57.17	56.61	55.87	56.48
北京	51.85	52.62	51.07	46.89	45.94	42.08
天津	63.47	63.61	61.72	62.84	61.36	57.92

续表

地区	2012 年	2013 年	2014 年	2015 年	2016 年	2019 年
河北	59. 40	58. 53	56. 80	56. 16	54. 87	60. 59
山西	69. 61	71. 95	73. 64	75. 96	76. 08	71. 98
内蒙古	61. 25	61. 90	63. 69	63. 40	62. 93	60. 64
辽宁	57. 93	57. 92	58. 02	61. 67	64. 46	62. 79
吉林	53. 96	54. 60	54. 73	54. 81	52. 36	59. 24
黑龙江	57. 36	57. 77	56. 96	56. 39	56. 18	58. 86
上海	50. 62	50. 86	50. 29	48. 55	49. 17	47. 76
江苏	57. 26	56. 70	54. 92	53. 14	51. 92	53. 00
浙江	60. 22	59. 95	58. 78	57. 16	55. 14	55. 17
安徽	59. 71	59. 32	57. 99	57. 49	56. 73	56. 89
福建	53. 39	54. 41	54. 37	53. 56	52. 30	50. 65
江西	55. 60	54. 50	52. 32	49. 95	48. 36	52. 30
山东	55. 19	56. 59	54. 48	54. 25	54. 11	63. 11
河南	51. 42	48. 47	46. 93	47. 01	47. 65	55. 77
湖北	58. 63	57. 36	55. 23	54. 97	53. 65	52. 15
湖南	55. 22	55. 27	53. 07	51. 92	52. 29	50. 22
广东	58. 18	58. 10	58. 42	57. 38	56. 17	56. 61
广西	62. 46	62. 92	62. 36	62. 18	61. 32	63. 62
海南	51. 52	53. 27	53. 92	55. 41	55. 65	53. 67
重庆	63. 02	63. 78	62. 36	61. 94	61. 22	56. 32
四川	61. 66	61. 27	61. 04	60. 00	58. 38	56. 07
贵州	64. 90	65. 20	63. 68	63. 52	63. 37	60. 47
云南	63. 13	64. 48	62. 96	64. 81	63. 83	57. 57
西藏	32. 23	35. 80	39. 96	50. 04	49. 57	52. 15
陕西	56. 91	56. 98	57. 08	56. 47	56. 38	54. 32
甘肃	62. 34	64. 16	63. 49	65. 37	65. 86	61. 79
青海	65. 73	67. 34	68. 17	69. 17	68. 41	73. 76
宁夏	66. 59	66. 88	67. 04	68. 26	67. 75	60. 53
新疆	57. 18	61. 26	62. 98	64. 11	64. 10	60. 31

数据来源：《中国工业统计年鉴》（2013～2017 年、2020 年）。

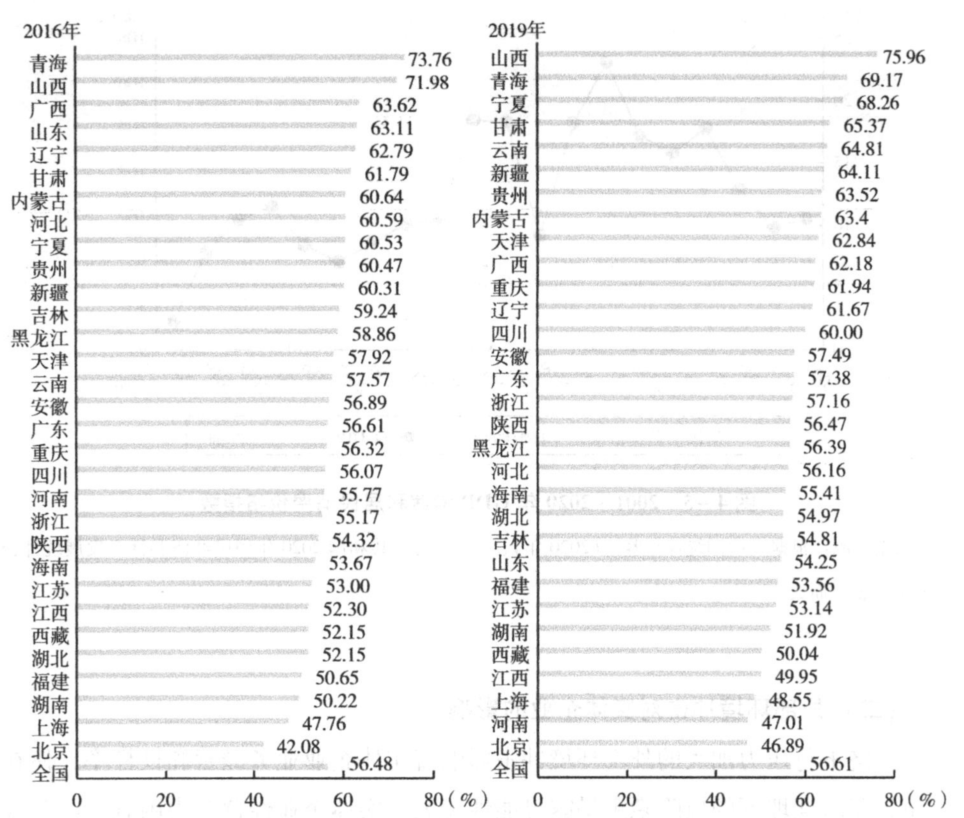

图4-4 2016年与2019年各省规模以上工业企业资产负债率比较

数据来源：《中国工业统计年鉴》（2017年、2020年）。

二、经济下行压力加大对实体企业冲击分析

（一）经济下行压力加大的外部环境

2011年以来，我国GDP增长率逐渐变缓，2020年增长率仅为2.3%，经济增长下行压力增大趋势明显。从消费角度来看，居民消费价格指数波动明显，说明经济发展的通货膨胀压力较大（见图4-5）。当前国内外经济形势严峻，新冠肺炎疫情、暴雨洪涝等重大风险事件冲击在一定程度上加大了经济增速下行压力。

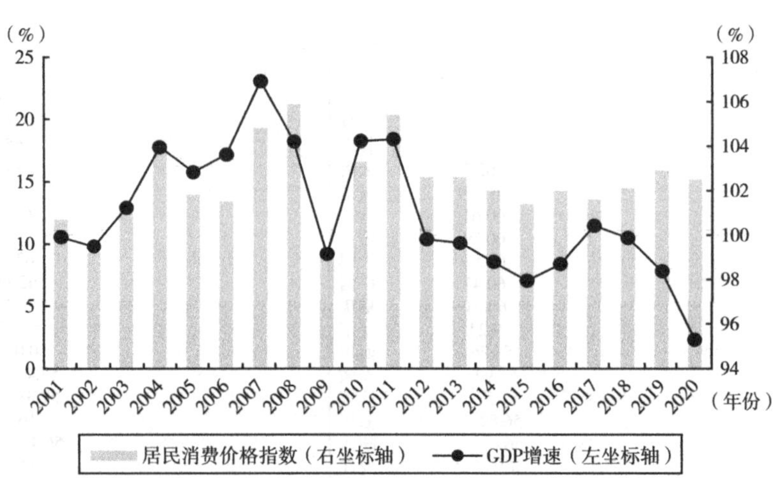

图4-5　2001~2020年GDP增速和居民消费价格指数

数据来源：根据《中国统计年鉴》(2020年)、《中华人民共和国2020年国民经济和社会发展统计公报》数据整理而成。

(二) 外部环境冲击对实体企业的影响

经济下行压力加大的外部环境冲击影响着实体企业业务经营和杠杆率，使在经济扩张时期埋下的风险隐患暴露可能性变大。实体企业经营较为困难，经营成本增加，盈利水平普遍下降，加之经营杠杆率较高，违约概率增大，风险隐患较大。特别地，经济环境变化或者担保链条内的公司运作不规范可能会导致资金链断裂，风险沿着担保链条传递到其他公司。在经济下行压力加大的外部冲击下，风险甚至会传递到正常经营的企业。

三、实体经济风险向金融体系传递分析

在经济下行压力加大的冲击下，实体企业会出现资金紧缺的状况，无力偿还贷款等债务的可能性增大，经营风险上升。地方政府引导实体企业发展、持股控股地方法人金融机构等行为的缺陷也会暴露出来，加剧实体企业风险累积和集中暴发，加速实体经济风险向金融体系传递。实体企业风险主要通过金融契约传递到银行等金融机构，大幅降低金融机构资产质量，提升金融风险，加速金融风险累积。

四、金融机构风险生成与累积分析

（一）金融机构风险生成

实体经济下行压力加大的冲击也会影响金融机构业务经营、资本管理等，通过金融体系内部渠道影响金融风险生成累积。在业务经营过程中，金融机构要均衡发展负债业务和资产业务，加强资本管理，适时调整资金配置，在追求流动性和盈利性的同时，保证安全性。但是，金融机构仍然存在的经营扩张过快、业务同质化、杠杆率高等问题，加速了内部风险生成，风险隐患较为突出。

2010～2018 年，东部、中部和西部三大区域不良贷款余额均持续增长，不良贷款率也呈现上升趋势，信贷风险不断提高，说明主要区域金融机构内部风险水平较高，风险隐患明显。

（二）金融机构风险累积

风险不断在金融体系内部累积，存在着暴发的可能性。加之近期发生的新冠肺炎疫情等重大风险事件冲击着金融机构业务经营和风险处置能力，金融机构可能面临更多的经营风险，加剧了风险累积，引致区域性系统性风险的可能性增大。

第五章

区域金融风险指标、赋权方法和预警模型

金融风险不是随时随地一触即发的，从量变到质变的过程需要一定时间和相应条件，个体风险演变为区域风险具有前期特征，因此寻找合适的方法和模型进行风险度量、预警，能够在危机出现之前发出预警信号，进而更好地开展区域金融风险防范化解。首先，选取影响区域金融风险的指标；其次，对风险指标进行赋权；再次，构建综合评价体系或数学模型；最后，进行区域金融风险度量与预警。

第一节 区域金融风险指标

现有文献关于指标的选取方式能够在一定程度上反映区域金融风险的特征，且多从金融机构的角度出发选择区域金融风险指标，较少涉及经济环境、实体企业、地方政府等区域金融风险生成机制的相关因素，即区域金融风险生成关联方。

一、区域金融风险指标确定原则

区域金融风险度量与预警指标体系中的指标选取需要遵循全面性与代表性、真实性与准确性、科学性与合理性、互补性与有效性有机结合的基本原则。

一是全面性与代表性原则。要在充分理解区域金融风险内涵和外延的基础

上，通过广泛的实地调研，逐级划分层次，不断动态筛选指标，最终选取既能客观反映金融机构内部风险，又能反映经济环境风险、实体企业风险、地方政府风险最具代表性的变量。

二是真实性与准确性原则。认真核查现有资料和数据的真实性、准确度，尽量使用统计部门和调查部门的原始数据，尽量减少使用业务部门层层上报汇总的数据，将数据误差控制在最小范围内，确保区域金融风险预警指标数值的权威性、准确性，进而确保评估结果的真实性、客观性。

三是科学性与合理性原则。区域金融风险预警指标体系设计是否科学、是否合理，直接关系到风险度量预警的效率，要尽可能地在前沿统计理论的基础上，科学合理、简单易行地选择指标，以便于真实反映不同时间不同区域的金融风险状况。

四是互补性与有效性原则。区域经济金融错综复杂的关系直接影响着区域金融风险防范化解的效果，在选择设计风险指标时要考虑整个区域系统的结构关系，确保指标之间的相互补充、相互关联，以便于客观、全面地反映区域金融的发展变化状况。同时，还要考虑指标体系的灵敏度，选择有效性强的风险指标，以便更好地支持监管机构及时发现金融风险，采取有针对性的风险防范化解对策。

二、经济环境关联风险指标

经济环境关联风险指的是宏观经济活动、物价水平波动等导致实体企业产生损失和金融机构生成风险的可能性。经济环境衰退往往会产生经济下行压力，诱发金融经济危机，催生金融风险。

在新冠肺炎疫情持续、国内外经济环境不确定性因素增多的背景下，我国经济发展面临着诸多不确定性，经济下行压力加大，不少地方政府下调了经济增长目标，仍存在着经济环境波动的可能性，存在着较大的风险隐患。经济环境关联风险可以选用地区生产总值增长率（以下简称 GDP 增长率）、居民消费价格指数（CPI）、失业率、商品零售价格指数和 M2 增长率（M2 是广义货币供应量）等指标来衡量（见表5-1）。

表5-1　　　　　　区域金融风险指标体系

指标类别	具体指标
经济环境风险关联指标	经济压力指数
	M2增长率
	居民消费价格指数
实体企业风险关联指标	企业利润变化率
	企业资产负债率
	亏损企业亏损额变化率
	房地产固定投资额变化率
	商品房销售增长率
地方政府风险关联指标	地方政府负债率
	地方政府债务率
	财政缺口
	财政收入增长率
	财政支出增长率
金融体系风险关联指标	贷款增长率
	信贷膨胀率
	股票筹资额增长率
	股票总市值
	保险赔付率

（一）区域经济环境关联风险指标

1. GDP增长率

GDP增长率是分析经济运行状况的三大指标（其他两个指标为通货膨胀率和失业率）之一，综合反映经济增长的速度。区域GDP增长率过高，说明该区域国内生产总值增长过快，区域经济过热，通货膨胀可能性增大。区域GDP增长率过低，则说明该区域国内生产总值增长过慢，意味着区域经济下行压力增大，未来有可能出现经济衰退。

2. 居民消费价格指数

居民消费价格指数是指一定时期内居民所购买的生活消费品和服务项目价格

变动趋势和程度的相对数，主要反映居民的消费购买力变化，能够说明居民消费状况，是通货膨胀水平的重要衡量指标。通货膨胀水平能够反映经济是否存在过热风险，直接影响经济运行状况。因此，居民消费价格指数是区域经济金融风险度量的常用指标，也是经济压力产生的重要因素。

3. 商品零售价格指数

商品零售价格指数是指一定时期内商品零售价格变动趋势和变动程度的相对数。零售物价的调整变动直接影响到城市、乡村居民的生活支出和国家的财政收入。商品零售价格变动对居民购买力和市场供需平衡产生着重要影响，也影响着消费支出与财富积累的比例。因此，商品零售价格指数主要反映消费活动。

4. 失业率

失业率也是衡量经济变动的主要指标之一，是指在一定时期满足全部就业条件的就业人口中仍未有工作的劳动力数字，主要用来分析闲置劳动产能，是反映一个国家或地区失业状况的主要指标。失业数据的变动可以反映经济发展情况。在区域经济运行较好的情况下，就业人数增长，失业率下降，反之失业率上升。失业率与反映通货膨胀的居民消费价格指数有着较强的关联关系。

5. 出口增长率

出口是经济的重要组成部分。当前新冠肺炎疫情持续，国内外经济环境不确定性因素增多，出口贸易存在较大不确定性，对区域未来经济增长乃至整个国民经济的协调、稳定、持续发展均有较大影响，是经济压力产生的重要原因。

6. 固定资产投资额变化率

固定资产投资变化率是反映经济环境变化的重要影响指标，该指标能够说明经济环境因素对房地产等固定投资相关经济领域运行产生的影响情况，在一定程度上反映整体投资水平，也是造成经济压力变动的重要因素。

（二）区域宏观经济环境关联风险指标

在宏观经济环境方面，广义货币供应量（M2）包括流通于银行体系之外的现金加上企业存款、居民储蓄存款以及其他存款，是一切可能成为现实购买力的货币形式。M2 增长率能够反映社会总需求变化和未来通胀的压力状态，是很多国家货币供应量的调控目标，也是重要的宏观经济变量之一。

（三）区域经济环境关联风险指标确定

GDP 增长率、居民消费价格指数、商品零售价格指数、失业率、出口增长率、固定资产投资额变化率、M2 增长率等指标均可以反映经济环境关联风险。居民消费价格指数增长率和商品零售价格指数均反映物价，且居民消费价格指数增长率更加直观，为了减少指标重复，剔除商品零售价格指数。失业率与 GDP 增长率、居民消费价格指数关联关系较强，GDP 增长率、居民消费价格指数对经济环境变化的反映更加直接，因此删除失业率指标。

区域内生产、消费、出口和投资等相关领域的经济指标均能够反映区域经济金融运行存在的压力，因此以 GDP 增长率、出口增长率、居民消费价格指数、固定资产投资额变化率等指标为基础，构建经济压力指数，度量区域经济发展波动所产生的压力，反映区域经济环境变动相关的风险。

三、实体企业关联风险指标

区域实体经济发展状况直接影响着区域金融发展水平和风险程度。实体企业风险存在着向金融体系传递的可能性，实体企业运行存在风险隐患。因此，从工商企业经营和房地产企业经营这两个领域来识别实体企业关联风险，将实体企业关联风险细分为工商企业关联风险指标和房地产企业关联风险指标（见表 5－1）。

（一）工商企业关联风险指标

工商企业关联风险是指一家或多家工商企业因为不能实现自身业务发展目标和战略计划的显性风险因素、潜在风险因素或一系列事件，导致企业遭受财务损失甚至倒闭的可能性。工商企业关联风险可以由企业利润变化率、亏损企业亏损额变化率等指标衡量。

1. 主营业务收入增速

主营业务收入增速可以用来衡量公司的产品生命周期，判断公司发展所处的阶段。一般来说，如果主营业务收入增长率超过10%，说明公司产品处于成长期，尚未面临产品更新的风险，属于成长型公司。如果主营业务收入增长率在5%～10%，说明公司产品已进入稳定期。如果该比率低于5%，说明公司产品已进入衰退期，保持市场份额已经很困难，主营业务利润开始滑坡，如果没有已开发好的新产品，企业将步入衰落。

2. 企业利润变化率

企业利润变化率是衡量工商业企业利润变化情况的重要指标。企业利润变化率衡量企业盈利水平变化，指标数值越大，说明企业利润增加，盈利能力不断增强，经营管理水平越来越高。

3. 亏损企业亏损额变化率

亏损企业亏损额变化率可以较好地反映亏损企业亏损面的变化情况，说明亏损企业经营与信用状况，是工商企业风险状况的重要衡量指标。

4. 企业资产负债率

企业资产负债率即企业总负债与总资产的比例。该指标反映企业的整体负债情况，一般来说，该比率越高意味着企业信用风险越大、抵御风险能力越差。

5. 存货周转率

存货周转率是企业销售收入与存货平均余额之比。该指标是衡量企业销售能力及考察存货是否适宜的指标，指标比率越高，说明企业资产流动状况越好，获利能力越强。

（二）房地产企业关联风险指标

房地产关联风险是指区域房地产固定投资状况过冷或过热，房地产等资产价格超常规上涨造成虚假繁荣的风险。房地产关联风险可以由房地产固定投资额变化率、房价增长率与GDP增长率比值、房地产竣工面积增长率、商品房销售增长率等指标衡量。

1. 房地产固定投资额变化率

从理论角度来看，房地产固定投资额变化率能够反映房地产业的景气程度，是整个房地产行业冷热程度的重要指标，也是房地产业的先行指标。适度的房地产固定投资有利于拉动经济增长，但如果房地产开发固定投资额增幅过高，将使房地产固定投资供给过量，没有相对应的需求匹配，就会导致供过于求，造成资源浪费，产生相关风险。

2. 房价增长率与 GDP 增长率比值

房价增长率与 GDP 增长率比值主要测量房地产行业相对国民经济的扩张速度。房价增长率与 GDP 增长率比值一般在 1 以内属于合理范围，1 ~2 表示泡沫预警，2 以上说明房价虚涨，泡沫显现。

3. 房地产竣工面积增长率

房地产竣工面积增长率反映当年已建成的现房供应情况，当年的竣工面积和空置面积之和为当年房地产可供应面积的总量，与销售面积对比则可反映当年的供求情况。

4. 商品房销售增长率

商品房销售增长率可以反映商品房市场的供给与需求状况。商品房销售增长过快，说明房地产市场供不应求，市场过热，反之则说明市场过冷。

（三）实体企业关联风险指标确定

工商企业主营业务收入增速、资产负债率、存货周转率、资产利润率、企业亏损面均能从不同视角反映区域内实体企业关联风险。由于存货周转率、资产利润率所收集到的都是短期数据，不能反映企业长期的经营状况，因此不在指标选取范围内。为避免重复，根据区域数据收集整理情况，选取企业利润变化率、亏损企业亏损额变化率、企业资产负债率等主要指标反映工商企业关联风险。

房地产固定投资额变化率、房价增长率与 GDP 增长率比值、房地产竣工面积增长率、商品房销售增长率均能够反映区域房地产关联风险。由于房地产竣工面积增长率更偏重于反映现房供应情况，房价增长率与 GDP 增长率比值和房地产固定投资额增长率、商品房销售增长率存在重复的地方，故删除前两个指标。最终确定房地产固定投资额增长率、商品房销售增长率两个指标作为房地产关联风险指标。

四、地方政府关联风险指标

地方政府关联风险涵盖面较广，包括地方政府债务风险、地方政府财政风险等。其中，地方政府债务风险、地方政府财政风险影响较广，因此地方政府关联风险主要选取这两类风险指标（见表 5 –1）。

（一）地方政府债务风险指标

地方债务风险是地方政府债务变化可能带来的金融风险。地方政府债务风险主要通过地方政府负债率、地方政府债务率等指标来衡量。

1. 地方政府负债率

地方政府负债率，即地方政府债务余额与 GDP 之比。该指标主要衡量经济规模对债务的承担能力，也可反映每一单位政府债务产生的 GDP，较好地显示地方政府债务风险水平。

2. 地方政府债务率

地方政府债务率是衡量地方政府所掌握的财力对债务的承担水平，通过计算地方政府债务余额与政府综合财力之比得到。地方政府债务率最好控制在 90% 范围内，最多不能超过 150%。地方政府债务率过高，说明地方政府债务风险水平高，存在较大的风险隐患。

3. 地方政府偿债率

地方政府偿债率主要度量政府短期内到期债务的清偿水平，是指当年债务还本付息总额与政府综合财力之比。该指标越高，说明地方政府偿债能力越弱。

4. 逾期债务率

逾期债务率也是衡量政府短期内到期债务的清偿水平，是期末逾期债务余额与年末债务余额之比，反映到期必须偿还债务所占比重。

（二）地方政府财政风险指标

地方财政风险是地方政府财政领域由各种不确定因素的综合影响而导致财政

资金遭受损失和财政运行遭到破坏的可能性，有很大的可能性会诱发金融风险。地方政府财政风险可以由财政缺口、财政收入增长率、财政支出增长率等指标来衡量。

1. 财政缺口

财政缺口反映政府各项收入之和与承担的事权所需要的支出之间的差异，是财政支出减去财政收入差值与 GDP 之比。地方政府财政缺口是地方政府财政风险的主要衡量指标，能够说明地方政府财政收支差异的波动。

2. 财政收入增长率

财政收入增长率能够直观地反映财政收入变化情况，是地方政府财政风险的衡量指标之一。稳定的财政收入增长有利于地方政府抵御区域风险、维护区域金融经济稳定。

3. 财政支出增长率

财政支出增长率主要度量财政支出的变化情况，也是地方政府财政风险的衡量指标之一。该指标波动大，说明政府财政支出存在风险隐患，需要积极采取措施稳定财政支出。

（三）地方政府关联风险指标确定

地方政府负债率、地方政府债务率、地方政府偿债率和逾期债务率均可以反映地方政府债务风险。鉴于披露水平和统计口径原因，地方政府偿债率和逾期债务率指标数据难以收集，故剔除这两个指标。

财政缺口、财政收入增长率、财政支出增长率均可以反映地方政府财政风险。三个指标能够从不同角度衡量地方政府财政稳定性状况，因此确定地方政府财政风险指标为财政缺口、财政收入增长率和财政支出增长率。

五、金融体系关联风险指标

金融体系关联风险主要从区域金融体系整体层面和典型金融机构层面进行指标选择。区域金融体系关联风险是区域金融风险的重要组成部分，要重点从区域金融体系层面选择主要金融业务风险指标。同时，金融机构关联风险指标也是度量、预警区域典型金融机构风险水平的基础，因此需要全面筛选商业银行、证券公司、保险公司和信托公司等主要金融机构风险指标，以便于更好地分析区域金融行业风险状况，进而有针对性地进行风险防范化解（见表5-1）。

（一）区域金融体系风险指标

区域金融体系关联风险是指金融机构由于区域金融市场异常波动、金融机构运作不规范、金融机构内部管理制度不健全等因素所引发的风险。在度量区域金融体系整体风险时，区域金融体系风险可用区域贷款增长率、区域信贷膨胀率、股票筹资额增长率、股票总市值、保险赔付率等指标来进行具体度量与预警。

1. 区域贷款增长率

区域贷款增长率反映地区贷款规模变动情况，是区域银行业信贷风险的重要衡量指标。区域贷款增长率过快存在着风险隐患，说明区域金融发展速度过快，可能引致区域金融风险。

2. 区域信贷膨胀率

区域信贷膨胀是银行信用提供的货币量超过经济发展所需货币量而产生的一种通货膨胀和货币贬值的经济现象。区域金融机构放款增长速度超过区域经济增长速度会致使信贷膨胀的发生，因此区域信贷膨胀率能够较好地度量区域信贷风险。

3. 股票筹资额增长率

股票筹资额是公司在一级市场发行股股票时所获得的资金额度。股票筹资额增长率衡量股票筹资额度的变动情况，是反映证券业风险变化程度的重要指标。该指标变化大，说明股票市场风险水平高。

4. 股票总市值

市值是上市公司根据市场价格发行的股票的总价值，通过每股股票市场价格乘以已发行股票总数计算得出。整个股票市场中所有上市公司的总市值就是股票总市值，能够反映上市公司市场价值水平，该指标变动也能够说明证券市场风险水平。

5. 保险赔付率

保险赔付率是保险行业赔款支出占保费收入的百分比，反映保险行业赔付支出占保费总收入的比重。该指标越大，保险行业赔付支出占保费收入比重越高，保险行业承保业务盈利状况越差，风险水平越高。

（二）金融机构关联风险指标确定

金融机构关联风险主要分析商业银行、证券公司、保险公司和信托公司等典型金融机构经营管理过程中存在的不确定性以及其带来损失的可能性。因此，金融机构关联风险指标主要选取商业银行资本充足率、拨备覆盖率、不良贷款率等风险指标，选取证券公司资本杠杆率、风险覆盖率、净稳定资金率、营业收入变化率、净利润变化率和资产负债率等风险指标，选取保险公司综合偿付能力充足率、保险业务收入变化率、市场风险资产占比和资产负债率等风险指标，选取信托公司净资本占比、净资本覆盖率和信托资产变化率等风险指标（见表5－2）。

表5－2　金融机构风险指标体系

类型	指标及计算方法
典型商业银行	资本充足率、拨备覆盖率、不良贷款率
典型证券公司	资本杠杆率、风险覆盖率、净稳定资金率、营业收入变化率、净利润变化率、资产负债率
典型保险公司	综合偿付能力充足率、保险业务收入变化率、市场风险资产占比、资产负债率
典型信托公司	净资本占比、净资本覆盖率、信托资产变化率

1. 银行业风险指标

银行业是我国各地区金融行业最重要的金融机构，区域银行业资产规模占区域金融业总资产规模的比重在一般都在70%以上。银行业风险主要存在于银行资产负债相关指标和资金运用状况中，选取资本充足率、拨备覆盖率和不良贷款率衡量银行业风险水平。

资本充足率。银行资本充足率通过计算银行资本对风险加权资产的比重得到，是反映银行资本充足水平的重要指标，是银行业风险水平的主要衡量指标。该指标对银行资本管理和风险管理的影响较大。

拨备覆盖率。不良贷款拨备覆盖率（简称拨备覆盖率，也称拨备充足率）是银行贷款可能发生的呆账、坏账准备金的使用比率。拨备覆盖率是衡量商业银行贷款损失准备金计提是否充足的一个重要指标，能够反映银行财务是否稳健，风险是否可控。

不良贷款率。贷款是商业银行的重要资产项目，也是银行最大的盈利来源。由于信息不对称，贷款具有不可预知性，存在较大的风险。不良贷款率是反映银行业贷款质量的核心指标，对于刻画区域金融风险生成累积具有重要作用，是关键的风险指标，具有较好的度量效果和较强的预警能力。

2. 证券业风险指标

证券业风险主要存在于证券公司自营业务、经纪业务、资产管理业务和承销业务等传统业务以及股指期货、融资融券等金融衍生产品业务经营管理的过程中。证券公司业务发展和盈利水平波动越大，金融风险越高。

资本杠杆率。证券公司资本杠杆率是核心净资本与表内外资产总额的比重。该指标衡量公司负债风险，从侧面反映出公司的还款能力。《证券公司风险控制指标管理办法》（2020 年修订）要求境内证券公司资本杠杆率不得低于 8%。

风险覆盖率。证券公司风险覆盖率是净资本与各项风险资本准备之和的比重，能够反映证券公司风险覆盖水平。风险覆盖率越高，证券公司风险抵御能力越强。《证券公司风险控制指标管理办法》（2020 年修订）要求风险覆盖率不得低于 100%。

净稳定资金率。净稳定资金率是证券公司可用稳定资金与所需稳定资金之比该指标比率越高，说明证券公司应对风险能力越强。《证券公司风险控制指标管理办法》（2020 年修订）规定净稳定资金率不得低于 100%。

营业收入变化率。证券公司营业收入变动率能够反映公司业务经营状况的变化情况。该指标数值越大，说明证券公司业务发展波动越大，业务经营风险水平越高。

净利润变化率。净利润变化率反映证券公司净利润的变化情况，是公司盈利水平波动的衡量指标，也是风险水平的重要衡量指标。该指标数值越大，说明证券公司净利润变动越大，风险越高。

资产负债率。资产负债率是证券公司资产与负债的相对比重，衡量证券公司负债率高低，是证券公司风险水平的衡量指标之一。证券公司资产负债率越高，说明公司杠杆率越高，负债经营压力越大，经营风险越高。

3. 保险业风险指标

保险业风险主要来自保险业务收入变化、保险赔付的变化以及保险投资的变动，也与保险案件发生情况和保险公司自身的管理水平等有着密切联系。保险业风险水平衡量指标主要包括保险赔付率、综合偿付能力充足率、保险业务收入变化率、市场风险资产占比和资产负债率等。

保险公司赔付率。保险公司赔付率是保险公司赔付支出占保险业收入的比重。该指标数值越大，说明保险公司承保业务盈利状况越差，保险公司风险越高。

综合偿付能力充足率。偿付能力是保险公司偿还债务的能力。保险公司应当具有与其风险和业务规模相适应的资本，确保综合偿付能力充足率不低于100%。综合偿付能力充足率越高，表明保险公司资本越充足，风险防控能力越强。

保险业务收入变化率。保险业务收入变化率反映保险公司盈利能力的变化。该指标越高，说明保险公司盈利能力越好，越有利于金融稳定。如果该指标数值过低，说明保险公司业务发展会停滞不前甚至陷入衰退状态，金融风险增大。

市场风险资产占比。保险公司市场风险资产占比是公司市场风险资产占投资净资产的比重，反映保险公司市场风险水平高低。该指标数值越大，说明保险公司市场风险水平越高，风险隐患越大。

资产负债率。与证券公司资产负债率类似，保险公司资产负债率是保险公司总资产除与总负债的比值，能够反映保险公司资产负债匹配情况。保险公司资产负债率越高，表明公司负债经营压力越大，经营风险越高。

4. 信托业风险指标

与银行业、证券业和保险业类似，信托业风险业主要通过资本、资产相关指标进行衡量。根据信托公司信息披露情况和信托公司相关监管规定，主要选取净资本占比、净资本覆盖率、信托资产变化率等指标进行信托业风险度量。

净资本占比。信托公司净资本占比通过计算净资本占净资产比率得出，能够反映信托公司资本充足状况。该指标越高，表明信托公司资本越充足，越能够抵御风险事件的发生。

净资本覆盖率。信托公司净资本覆盖率是信托公司净资本与各项业务风险资本之和的比值，主要说明信托公司资本覆盖状况。该指标数值越大，说明公司资本覆盖水平越高，风险防控能力越强。

信托资产变化率。信托资产是信托人通过信托行为，转给受托人并由受托人按照一定的信托目的进行管理或处理的财产。信托资产变化率能够反映信托公司业务经营状况的变动情况。该指标越高，说明信托行业风险越高。

（三）金融体系关联风险指标确定

上述金融体系风险相关指标均能反映区域金融体系风险，区域贷款增长率与区域信贷膨胀率存在一定的重复，股票筹资额增长率与或股票总市值也存在一定的重复，需要根据情况进行指标选取。

在度量、预警区域金融体系风险时，要重点考察区域贷款增长率（或区域信贷膨胀率）、股票筹资额增长率（或股票总市值）和保险赔付率。在典型金融机构风险水平度量与预警的过程中，要通过典型商业银行、证券公司、保险公司和信托公司风险相关指标构建与分析，度量、预警金融机构风险水平。

第二节

区域金融风险指标赋权方法

区域金融风险评价指标权重确定方法主要有熵值法（Entropy Method）、主因子法等客观赋权方法，专家赋权法（德尔菲法）等主观赋权法，以及层次分析法、网络搜索法等主客观结合赋权方法（也称组合赋权法）。

一、客观赋权法

客观赋权法是按照初始数据间的相互关系，利用一系列数学计算方法得出指标权重大小的赋权方法，其中比较常用的是熵值法和主因子方差贡献率法。客观赋权法的判断结果不依赖人的主观判断，有较强的数学理论依据。但它的弊端是过分依赖统计或数学的定量方法，而忽视了评价指标的主观定性分析，没有考虑决策者的意向。客观赋权法主要有熵值法、多元统计分析法和变异系数法等。

（一）熵值法

熵值法（Entropy Method）就是根据各指标传输给决策者的信息量的大小来确定指标权数的方法。在信息论中，熵是对不确定性的一种度量。信息量越大，不确定性就越小，熵也就越小；信息量越小，不确定性越大，熵也就越大。根据熵的特性，可以通过计算熵值来判断一个事件的随机性及无序程度，也可以用熵值来判断某个指标的离散程度，指标的离散程度越大，该指标对综合评价的影响越大。

假设有 i 个系统（年份或方案，$i=1,2,\cdots,n$），每个系统有 j 个指标（$j=1,2,\cdots,m$），熵值法的计算步骤如下：

第一，将各项指标数值进行归一化处理：

$$p_{ij} = \frac{X_{ij}}{\sum_{i=1}^{n} X_{ij}} \tag{5-1}$$

第二，计算评价指标的熵值：

$$H_j = -k\sum_{i=1}^{n} p_{ij}\ln p_{ij}, k = 1/\ln n \tag{5-2}$$

第三，将值转换为反映差异大小的权数：

$$W_i = (1-H_i)/\sum_{j=1}^{m}(1-H_j) = (1-H_i)/\left(m-\sum_{j=1}^{m} H_j\right) \tag{5-3}$$

用熵值法确定指标权重，评价结果虽然具有较强的数学理论依据，但由于熵值法要求有一定量的样本单位才能使用，并且值与指标值本身大小关系十分密切，因此只适用于相对评价而不适用于绝对评价，只适用于指标层的赋权而不适用于中间层的赋权。

（二）多元统计分析法

作为处理多变量的数据的主要方法，多元统计分析法包括主成分分析法

(Principal Component Analysis，PCA)、主因子分析法（Factor Analysis，FA）等。

1. 主成分分析法

采用主成分的指标分析法进行多指标综合评价的基本原理是通过适当的数学变换使新的指标成为原有指标的线性组合，并用较少的指标（主成分）代替原有指标，主成分之间相互独立。可以证明：指标的协方差矩阵的第 k 个特征值等于第 k 个主成分的方差（$k = 1, 2, \cdots, n$）；其对应的特征向量是第 k 个主成分的相应系数；并且主成分按照方差大小顺序排列。因此，第一主成分代表原有指标的信息最多，第二主成分次之，根据此原理，利用主成分能构造综合指数。

主成分分析确定权重的步骤主要包括：第一，原始指标数据标准化；第二，计算指标间的相关系数矩阵 R；第三，计算 R 的特征根和特征向量；第四，根据主成分的方差贡献率确定主成分个数 p；第五，将 p 个主成分综合为综合指数。

2. 主因子分析法

主因子分析法应用于综合评价，要对综合评价体系涵盖的多变量进行无量纲标准化处理，将原来相关的多个随机变量，以方差贡献率作为信息量的测度标准，降维为不相关的几个新变量因子（主因子），构建评价函数，对参评的项目进行综合得分评价排序。

主因子赋权重的基本步骤包括：第一，选取评价指标并收集观测值；第二，对指标进行无量纲化处理；第三，进行主因子过程分析；第四，选取主因子并进行权重加权；第五，评价指标归一化权重确定。

在进行主因子分析时，通常用 $\alpha_k = \frac{\gamma_k}{\sum_{i=1}^{p} \gamma_i}$ 表示第 k 个主因子的方差贡献率。

p 个主因子中，前 m 个主因子的累计方差贡献率则为 $\frac{\sum_{i=1}^{m} \gamma_i}{\sum_{i=1}^{p} \gamma_i}$。

主因子的方差贡献率实际上代表主因子对样本信息变化程度大小的反映。如进行区域经济研究时，主因子的方差贡献率代表各原始变量对所研究的区域综合特征的刻画程度。主因子的方差贡献率越大，该主因子对所研究区域的综合刻画程度就越高。当少数几个主因子的累积贡献率达到 85% 时，就可以认为这几个主因子可以代表原来的多个变量来反映所研究区域的综合特征。

方差贡献率有两个作用：一个作用是减少变量个数，达到简化数据结构的目的，主因子的选取个数通常以累计贡献率达到85%为标准，数学表达式如下 $\frac{\sum_{i=1}^{m}\gamma_i}{\sum_{i=1}^{p}\gamma_i} \geq 85\%$；另一个作用是进行综合指标计算时，用来计算主因子的权重，计算公式为 $\frac{\gamma_i}{\sum_{i=1}^{m}\gamma_i}$。

（三）变异系数法

变异系数法认为，在依据指标体系进行评估时，指标体系中各指标所包含的信息量不同，即各指标对被评估对象的区分能力不同。一般来讲，如果一个指标能够明确区分其他指标，则该指标与其他指标的差异大，说明该指标包含的信息量大，应该赋予该指标较大的权重；反之，则应赋予较小的权重。在统计学中，指标的变异信息量常用方差衡量，但由于指标量纲和数量级的差异，各指标的方差不具有可比性。因此，选用各指标的变异系数作为衡量指标变异信息量大小的指标。将各指标的变异系数做归一化处理，就可得到各指标的权重。具体步骤如下：

设指标体系由 m 个指标组成，以 $X_1, X_2, \cdots, X_m$ 来描述每个指标，而每个指标有 n 个参评样本。求出各指标的均值 X_i 和方差 S_i 计算出各指标的均值和方差；则各指标的变异系数为：

$$V_i = \frac{S_i}{X_i}, i = 1, 2, \cdots, m \tag{5-4}$$

对 V_i 做归一化处理，即可得出各指标的权重：

$$W_i = \frac{V_i}{\sum_{j=1}^{m} V_j}, i = 1, 2, \cdots, m \tag{5-5}$$

变异系数法主要通过比较指标数值之间的差异来确定指标的差别档次，很好地反映了指标数值上的差异档次，变异系数法可修正主观指标权重。采用变异系数法更能突出指标体系中个别指标的明显变化，区别被评价的对象、区别能力强。但它不能体现指标的独立性大小以及评价者对指标价值的理解，因而在评价指标独立性较强的综合评价中采用。

二、主观赋权法

主观赋权法大多以专家经验为判断基础，虽然是研究较早、较为成熟的方法，但它的弊端是过分依赖专家意见，有较大的主观性，指标赋权结果受人为意志的影响较大。比较常用的主观赋权法是专家赋权法。

专家赋权法有很多种，其中应用较为广泛的是德尔菲法。该方法 1946 年由美国兰德公司创始实行，其本质上是一种反馈匿名函询法，大致流程是：在对所要预测的问题征得专家的意见之后，进行整理、归纳、统计，再匿名反馈给各专家，再次征求意见，再集中，再反馈……直至得到一致的意见。由此可见，德尔菲法是一种利用函询形式进行的集体匿名思想交流过程，具有匿名性、多次反馈、小组统计回答等特点。

三、主客观结合赋权法

主客观赋权法针对主观和客观赋权法的优缺点，兼顾决策者的偏好，能减少赋权的主观随意性，使赋权的结果达到主观和客观的统一，它可以使问题的结果更加真实、可靠，避免单一风险测度过程中的片面性，从而提高风险度量的准确性。主客观结合赋权方法主要有层次分析法、网络搜索法等。

（一）层次分析法

美国萨迪教授最早提出了定性与定量分析相结合的多目标决策分析方法——层次分析法（The analytic hierarchy process，AHP）。该方法是指将一个复杂的多目标决策问题作为一个系统，将目标分解为多个目标或准则，进而分解为多指标（或准则、约束）的若干层次，通过定性指标模糊量化方法算出层次单排序（权数）和总排序，以作为目标（多指标）多方案优化决策的系统方法。该方法的核心是对各个指标进行优劣排序，确定指标权重，具有简洁、灵活、系统等优点。

在风险测度指标系统中，首先，层次分析法依照关注的影响地区风险问题的因素，确立总风险度；其次，按照各层级问题的复杂程度将其分为若干个组成因素，构造递阶层次结构，对这些因素分层划分，构造为互反矩阵的判断矩阵；最后，在每个层次上请专家对因素两两对比，即可得到各个因素的权重占比。对于层次单排序和层次总排序均需要进行检验。风险指标权重确定步骤如下：

第一步，建立层次结构模型。将决策的目标、考虑的因素（决策准则）和决策对象按它们之间的相互关系分为最高层、中间层和最低层，绘出层次结构图。最高层是指决策的目的、要解决的问题；最低层是指决策时的备选方案；中间层是指考虑的因素、决策的准则。对于相邻的两层，称高层为目标层，低层为因素层。

第二步，构造判断（成对比较）矩阵。采用 Saaty 等提出一致矩阵法，即不把所有因素放在一起比较，而是两两相互比较，对此采用相对尺度，以尽可能地减少性质不同的诸多因素相互比较的困难，提高准确度。例如，根据某一准则，对其下的各方案进行两两对比，并按其重要性程度评定等级。a 为要素 i 与要素 j 重要性比较结果，表 5－3 列出了 Saaty 给出的 9 个重要性等级及其赋值。

表 5－3　比例标度

因素 i 比因素 j	量化值
同等重要	1
稍微重要	3
较强重要	5
强烈重要	7
极端重要	9
两相邻判断的中间值	2，4，6，8

按两两比较结果构成判断矩阵：

$$A=(a_{ij})_{n\times n}=\begin{bmatrix} a_{11} & \cdots & a_{1n} \\ \vdots & \ddots & \vdots \\ a_{n1} & \cdots & a_{nn} \end{bmatrix} \tag{5-6}$$

其中，$a_{ij}>0, a_{ij}=\frac{1}{a_{ji}}, a_{ii}=1, i=1,2,\cdots,n$。

第三步，计算权重的步骤。

首先，计算判断矩阵每一行元素的乘积B_i：

$$B_i = \prod_{j=1}^{n} a_{ij}, i = 1,\cdots,n \tag{5-7}$$

其次，计算B_i的 n 次方根：

$$C_i = \sqrt[n]{B_i}, i=1,\cdots,n \tag{5-8}$$

最后，进行归一化：

$$W_i = \frac{C_i}{\sum_{j=1}^{n} C_j}, i = 1,\cdots,n \tag{5-9}$$

其中，$W=(W_1,\cdots,W_n)^T$即为所求的特征向量，W_i分别为同一层次各指标对上层指标影响大小的权重。

第四步，做一致性检验。

首先，计算一致性指标 CI（Consistency Index）：

$$CI = \frac{\gamma_{max}-n}{n-1} \tag{5-10}$$

$$\gamma_{max} = \frac{1}{n}\sum_{i=1}^{n}\frac{\sum_{j=1}^{n} a_{ij}W_j}{W_i} \tag{5-11}$$

其中，γ_{max}为判断矩阵的最大特征值，n 为判断矩阵 A 的阶数。

其次，计算一致性比率 CR（Consistency Ratio）：

$$CR = \frac{CI}{RI} \tag{5-12}$$

其中，RI（Random Index）为平均随机一致性指标，其值可以从表 5-4 中相对应的数值获得。

表 5-4　　平均随机一致性指标（RI）取值

分数	1	2	3	4	5	6	7	8	9	10	11
RI	0	0	0.58	0.90	1.12	1.24	1.32	1.41	1.45	1.49	1.51

当 $n=1$、2 时，因为 1、2 阶的正反矩阵总是一致的，$RI=0$。

当 $n\geq3$ 时比较判断矩阵 A，将其一致性指标 CI 与同阶的随机一致性指标 RI 之比称为一致性比率 CR。

若 $CR<0.1$，接受一致性，即判断矩阵一致性检验被通过。若 $CR\geq0.1$，则对应判断矩阵重新做适当调整。

（二）网络搜索法

网络搜索法是通过现代互联网搜索引擎或社会学术界认可度较好的专业数据库对指标关键词进行有约束条件下的网络调查法，根据命中的篇数或个数的多少进行排序打分确定权重的方法。

常见的互联网索引有百度、360 搜索、搜狗等，方法是将指标关键词放入搜索框进行即时搜索，根据搜索到的词条多少，将所有指标按多到少或少到多排序并赋予一定的分数值，如有 25 个指标，可根据排序从多到少分别以 25 不等的分数值，并根据各分数值在总分数值中所占的比例近似作为各指标的相对权重。

常见的专业数据库有中国学术期刊网全文数据库（CNKI）、万方数据库、维普数据库，以及 JSTOR、EBSCO、Elsevier Science Direct 等外文数据库，把指标放入检索框内并统一设定好检索条件进行一一检索，根据命中文章数的多少，从多到少或从少到多进行排序，并赋予一定的分数值，如有 25 个指标，同样根据排序从多到少分别赋予 25→1 不等的分数值，并根据各分数值在总分数值中所占的比例近似作为各指标的相对权重。

一般在同一检索条件下搜索到的词条或篇数越多，表示社会公众或专家学者对该指标使用的频率越高，对该指标的认可度越高，该指标的重要性也就越高，相应权重也就越大。但是网络存在一定的虚拟成分，可能受到一时社会热潮或国家经济政治事件等影响。

四、赋权法比较与选择

风险指标赋权关系到区域金融风险指标体系运行的效率。合适的指标权重，能够更加准确有效地反映经济环境、实体企业、地方政府、金融体系等对区域金融风险的影响，更加清晰地反映区域金融风险生成累积过程，有利于更好地度量区域金融风险水平，更准确地预警区域金融风险。

主观赋权法存在较大的主观性，受所邀请专家个人判断影响较大，存在较大的不确定性，往往不会单独选择，更多的是作为主要度量方法的补充或对比。熵值法（Entropy Method）、主因子方差贡献率法等客观赋权方法，以数学运算为基础进行指标权重确定，能够较为客观准确地反映指标的影响状况，在国内外金融风险度量与预警研究中使用较多。层次分析法、网络搜索法等主客观结合赋权方法能够综合主观赋权方法和客观赋权方法的优点，指标赋权过程考虑更加全面，也有不少学者在研究中选择这类方法确定指标权重。

综合比较上述指标权重赋予方法，根据数据资料的收集情况，在广州市和河南省的案例研究中选取层次分析法与熵值法相结合的指标权重确定方法。

第三节 区域金融风险预警模型

区域金融风险预警是指构建一套适合区域经济金融发展现状的金融预警模型，持续监测某一地区的金融风险指标。当金融风险指标出现较大波动时，及时发出预警信号，监管部门及时采取相关措施来化解风险，避免发生金融危机。区域金融风险预警能够帮助监管机构尽可能全面地了解影响金融安全的各种相关因素，以便于采取有针对性的应对措施。

一、早期风险预警模型

1979 年，Bilson 提出了早期预警（Early Warning System，EWS）理论，他认为国际储备基础货币、影子汇率等变量可作为预警指标，这为早期预警法在风险预警中的应用提供理论基础。早期预警法主要步骤是先选取能够反映金融风险的因变量和相关联的自变量，然后建立拟合方程得出由自变量的变化所引起的风险变化，最后对风险的发生进行预测。

（一）FR 概率模型

1996 年，Frankel J. A. 和 Rose A. K. 提出了 FR 概率模型（Probit/Logit Model）。该模型在引起金融危机有关指标概率大小研究的基础上，对危机发生的概率进行预测。

FR 概率模型通过对一系列选定的风险指标的样本数据进行最大对数似然估计，确定各个引发因素的参数值。然后，根据估计出来的参数建立用于外推估计某个国家在未来某一年发生货币危机可能性的大小。

该模型构建简单，数据取得容易，方法较为成熟，应用较为广泛。但也存在严格的多次估计限制模型准确性、没有考虑国家之间差异性、年度数据要求影响模型实用性等缺陷。

（二）横截面回归模型

1996 年，Sachs 等学者提出了横截面回归模型（STV 模型）。该模型集中分析危机成因类似的一组国家，同时选择对危机形成有重要作用的一组变量。就计量经济学角度而言，由于其中使用的数据为横截面数据，然后用这些横截面数据回归而建立的模型，因此称为 STV 模型。

STV 模型克服了 FR 概率模型的某些缺陷，考虑了不同国家之间的差异，但是 STV 模型要求选择危机成因类似的国家作为研究样本，这限制了该模型在实际中的应用。

（三）KLR 信号法模型

1998 年，Kaminsky 等学者提出了“信号法”模型（即 KLR 模型），逐渐成为当前使用最为广泛的预警模型。KLR 模型的理论基础是研究经济周期转折的信号理论。

在模型运作方面，首先，该模型通过研究货币危机发生的原因来确定可以用于货币危机预测的经济变量。其主要运用历史上的数据进行统计分析，确定与货币危机有显著联系的变量，以此作为货币危机发生的先行指标。其次，为每一个选定的先行指标根据其历史数据确定一个安全阈值。当某个指标的阈值在某个时点或某段时间被突破时，就意味着该指标发出了一个危机信号；危机信号发出越多，表示某一个国家在未来一段时间内暴发危机的可能性就越大。阈值是使噪声—信号比率（即错误信号与正确信号之比值）最小的临界值。

二、创新型风险预警模型

在随后的研究中，金融风险预警模型种类更加多样，但主要是对已有预警模型的完善和改进，如马尔科夫区制转移模型和人工神经网络模型等创新型风险预警模型。越来越多的学者在金融风险预警研究中采用这些创新型的预警模型。

（一）马尔科夫区制转移模型

马尔科夫区制转移模型经常被用于进行危机预测。Jeanne 和 Masson（2000）建立了货币危机的多重均衡模型，在预警模型中引入马尔科夫区制转移变量，刻画不同均衡状态之间的转换，以此表现金融风险的动态效应，增加风险预警的有效性。

马尔科夫预测模型的前提条件是：在每个状态下，所研究变量的状态接下来的转移概率均不变，不会因为时间的推移而有所差别。如果不同时间的转移概率有所不同，则马尔科夫模型需要更换概率转移矩阵的相关数值，不然，得到的预测值极有可能出现错误或偏差。

（二）人工神经网络模型

相对于常见的传统型风险预警模型来说，金融风险预警研究中采取人工神经网络模型（BP 模型）是一种创新和突破。人工神经网络模型训练样本选取对应的输入例子和符合要求的输出，按照相应算法做充分训练，让人工神经网络可以做到蕴涵解的基本原理，此后模型可以解决与之类似的研究问题。

人工神经网络模型能够解决内部机制复杂的问题，但是网络模型和应用实例规模之间存在矛盾，人工神经网络模型存在缺陷。

三、预警模型比较与选择

风险预警模型确定是区域金融风险预警研究的重要环节。预警模型可以持续运作，动态监测风险变化情况，及时发现风险隐患，适时进行风险防范化解。

上述两大类五个具体的风险预警模型与方法各具特点，在预测金融风险方面均有一定成效。FR 概率模型、截面回归模型、KLR 信号法模型等早期风险预警模型原理较为基础、运行较为简单、运用较为广泛。由于这三种模型的可操作性较强，受到国内外专家学者和实务部门的广泛使用，影响范围较为广泛。例如，对金融危机或金融风险预警的实证研究中，有大约一半的专家学者采取了 FR 概率模型与 KLR 模型。

早期预警模型使用过程中都需要将连续变量转换成离散的 0 ~ 1 变量，这不可避免地造成信息损失，且早期预警模型均为静态。得益于计量经济学的不断进步，马尔科夫区制转移模型、人工神经网络模型等创新型风险预警模型被创建出来。虽然这些模型出现较晚，模型原理相对复杂，随着金融风险研究的不断深化，不少学者开始采用这些模型。

在广州市金融风险预警和广州市典型金融机构风险预警，以及河南省风险预警和金融豫军风险预警的实证研究中，以 KLR 信号法模型为基础，设计信号灯风险预警体系并进行市域、省域层面的风险预警。

第六章

区域金融风险度量与预警研究
广州市案例

选择典型市域案例广州市，分析其金融业及典型金融机构发展现状、面临的主要风险和风险防控情景，构建风险指标体系，度量、预警区域金融风险。

近二十年以来，广州市的地区生产总值逐年增加，但增速存在一定变化。其中 2001 ~ 2010 年的增长速度在 9.332% 与 18.434% 之间波动，2011 ~ 2020 年的增长速度在 5.69% 与 14.651% 之间变动，增速逐渐变缓，居民消费价格指数波动较大，区域经济增速下行压力增大，通货膨胀压力较大。当前国内外经济形势严峻，新冠肺炎疫情等重大风险事件冲击也在一定程度上加大了经济增速下行压力（见图 6 - 1）。

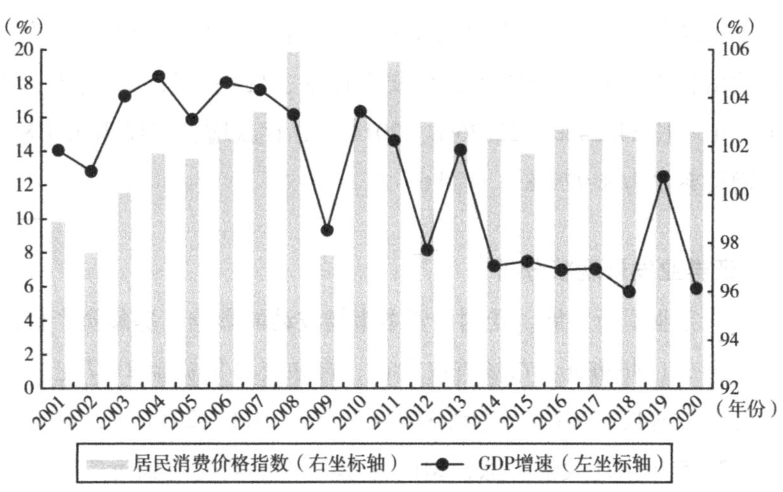

图 6 - 1　2001 ~ 2020 年广州市 GDP 增速和居民消费价格指数

数据来源：根据银保监会网站数据、《广州市统计年鉴》和《广州市统计公报》数据整理。

第一节

广州市金融发展、金融风险与风险防控现状

自2019年以来，金融业已成为广州市第四大支柱产业。2020年，广州市金融业增加值达到2234亿元，居全国大城市第四位，是2015年底的1.37倍，占GDP比重为8.9%。具体来看，2020年底广州市本外币存款余额6.78万亿元，是2015年底的1.58倍，贷款余额5.44万亿元，是2015年的1.99倍，本外币贷款增速持续保持在五大城市（北京市、上海市、广州市、深圳市、天津市）之首。截至2020年底，广州市金融业总资产已超过9万亿元。从金融机构数量来看，总共有326家，其中法人金融机构56家。

一、广州市金融发展现状分析

（一）存贷款发展现状分析

2001～2020年，广州市人民币存款和贷款规模稳步提升。存款余额从2001年的6228.04亿元上升到2020年的65615.47亿元，贷款余额从2001年的4336.497亿元上升到2020年的53535.39亿元。

近二十年以来，广州市存款增长率和贷款增长率变化均较大，存款增长率变化大于贷款增长率变化。2009年，存款增长率、贷款增长率均达到最高水平，分别较上一年增长24.24%、22.26%。2014年，存款增长率仅为4.018%。2011年，贷款增长率仅为8.979%（见图6－2）。

（二）证券业发展现状分析

广州市证券业不断发展，受国内资本市场波动的影响，募集资产额度波动性较大。2004年，广州市证券市场首次发行、再融资募集资金21.7亿元。随后募集资金额度稳步增长，2010年达到316.4亿元。2011～2014年，募集资产额度持续下降，2015年出现大幅上涨，2016年募集资金额度达到近二十年的最高水平676.72亿元。2017年开始，募集资金额度快速下降，2020年募集资金额度为62.99亿元（见图6－3）。

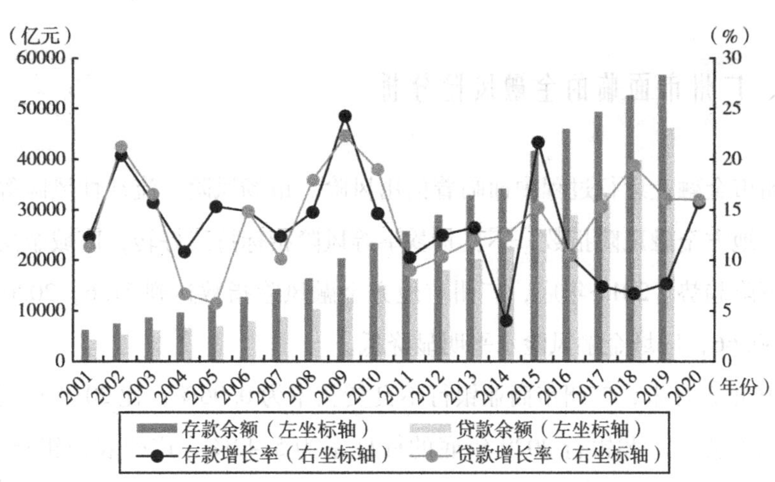

图6-2 2001~2020年广州存贷款规模与增长率

数据来源：《广州市统计年鉴》（2002~2021年）。

（三）保险业发展现状分析

广州市保险业稳步发展，2004年原保费收入仅为132.94亿元，随后上涨趋势明显，2011年原保费收入较上年出现小幅下降。2016年原保费收入较上年上涨近一倍，达到1166.19亿元，2017年则出现小幅下降，之后又缓慢上涨，2019年达到1424.83亿元。广州市保险赔付支出逐年稳步上涨，2004年仅为27.891亿元，2019年上涨到362.47亿元，是15年前的近十三倍（见图6-3）。

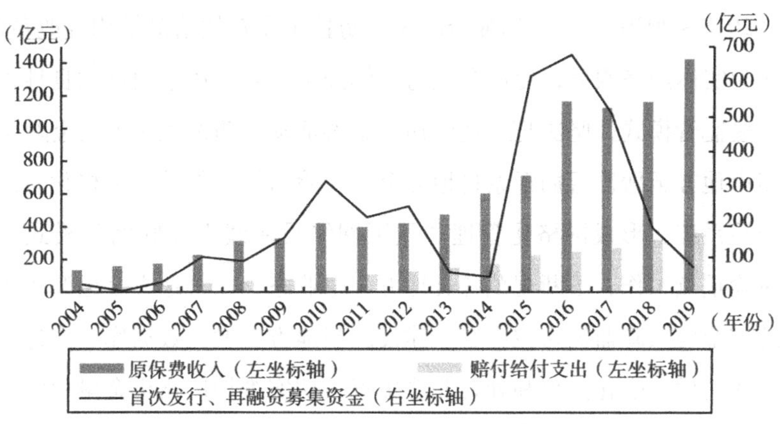

图6-3 2004~2019年广州市证券业、保险业发展情况

数据来源：《广州市统计年鉴》（2005~2020年）。

二、广州市面临的金融风险分析

广州市金融业运行过程中面临着信用风险、市场风险、流动性风险等区域金融风险，地方金融风险指数、不良贷款率等风险指标持续好转，区域金融风险水平呈现下降趋势。2017 年底，广州市地方金融风险指数达到 71.6，2020 年 6 月降低到 60.66，区域金融风险水平明显降低。

2020 年 3 月末，广州市商业银行不良贷款率为 0.96%，比 2019 年同期下降 0.04 个百分点。广州银行 2020 年底的杠杆率为 5.42%，广州农商银行 2019 年第四季度杠杆率为 7.29%，均符合监管目标，风险水平可控。广州市保险公司偿付能力充足，风险管控能力较强。

三、广州市金融风险防控现状分析

（一）适时出台并积极执行风险防控行动计划

为贯彻落实党的十九大、2017 年中央经济工作会议、第五次全国金融工作会议精神，打好广州市防范化解金融风险攻坚战，切实维护金融稳定，营造良好金融市场环境，2018 年广州市出台了《广州市决胜防控金融风险攻坚战三年行动计划（2018 ~ 2020 年）》，加强金融风险防控工作对供给侧结构性改革的服务，确保金融为实体经济服务，促进金融与实体经济、金融体系内部的良性循环，创新地方金融监管模式，坚决打击违法违规金融活动，防范化解各类金融风险。

广州市地方金融监管局探索将地方金融风险防控工作纳入网格化管理，构筑立体式防控系统，形成网格化管理“线下网络员 + 线上互联网”模式。围绕防控金融风险重点工作，不断规范各类地方金融业态、完善地方金融监管体系、建设广州地方金融风险监测防控中心、建设广州地方金融大数据库、推进风险管理制度和人才建设、强化防范和处置非法集资，切实维护广州市金融稳定，打造广州金融安全区，以新担当新作为决战决胜全面建成小康社会，为广州实现老城市新活力、“四个出新出彩”提供重要支撑。

（二）构建“一地局一中心”的金融风险监管机制

2017 年 8 月，广州市建成并启用了广州金融风险监测防控中心，是全国地方政府中第一家采用金融科技力量搭建金融安全预警防线和应急处置机制的专业化金融风险监控机构。防控中心运用人工智能、大数据、区块链、云计算等科技手段，打造出功能齐备、模式独特的“金鹰”系统，是国内领先的地方金融风险监测系统。

金融风险监测系统作用显著。2018 年以来，在广州市地方金融监管局的指导下，广州金融风险监测防控中心对上千个非法金融活动样本案例进行分析，提取风险特征，针对不同风险类型分别建立风险识别模型，结合多种手段，主动识别非法金融活动风险。2019 年，防控中心通过优化风险识别模型，推广使用“金鹰投诉举报小程序”，发动广州网格员通过小程序举报，结合使用舆情语义智能分析模型，拓宽数据来源，提高风险发现能力。

2019 年，广州市组建了市级的地方金融监督管理局，形成了“一委一行两会”及“一地局一中心”（一中心指的是广州市金融风险监测防控中心）的金融风险监管机制。广州市地方金融监管局不断强化防控中心功能，积极运用大数据、区块链技术探索防控金融风险新模式。指导防控中心研发全国首条地方金融非现场监管区块链，并于 2019 年 9 月在 P2P 网贷行业上线试点，有效辅助网贷行业整体有序出清，广州市成为 2019 年全国特大城市中唯一全年无“爆雷”平台的城市。

广州金融风险监测防控中心与广州市各区建立了“识别—监测—预警—处置—反馈—再监测”风险处理流程，率先建设了“监测预警—处理反馈—持续监测”的创新风险闭环管理机制，有力提升了广州地区金融风险的识别与监管能力，有效守护着金融安全防线，执行着风险应急处置职能。

（三）稳步开展并创新区域金融风险防控工作

广州市稳步推进金融风险防控工作。首创地方金融风险监测防控平台，国内首次提出在市属金融机构、大中型类金融机构等设立首席风险官，同时出台了

《广州市小额贷款行业首席风险官制度（试行）》以及相关的配套工作方案，在小贷行业设立首席风险官。

2019 年，广州建立全国首个地方金融监管功能区“数字普惠金融监管试验区”，实施小额贷款行业的分类监管试点。同时，推进中国人民银行征信中心广东省分中心试验区信用体系建设合作，引导广州市小贷公司接入中国人民银行征信系统，有效降低地方金融机构开展业务的征信成本。

此外，广州还建立了商业保理等行业清理排查专项工作协调机制，将融资租赁、商业保理、融资担保的 3000 多家企业全部纳入监管并开展清理。建立了企业公示退出制度，2019 年通过公示制度退出小贷企业 1 家、典当企业 14 家，进一步优化了营商环境。打造行业服务平台，出台全国小贷行业首个关于贷后管理的指导意见；成立广州市商业保理行业协会，指导广州融资租赁产业联盟出台全国首家由行业组织发布的《广州市汽车融资租赁收车工作规范》，规范汽车融资租赁债务催收工作。建立了类金融机构信息报送机制，建立融资租赁行业、商业保理快报系统，723 家融资租赁公司、347 家商业保理机构接入系统实现数据信息报送；与广州互联网法院合作创新设立“数字金融协同治理中心”“小额贷款纠纷调处协同治理中心”“类案批量智审系统”，对互联网金融借款、小额借款合同等纠纷进行全流程在线批量审理。

广州地方金融监管局按照“政府主导、机构支持、社会参与、上下联动”的思路，合力打造防范和化解非法集资宣传教育“广州模式”，在宣传机制、宣传模式上勇于创新，有力提升宣传教育的覆盖面、渗透率。多渠道投放法制宣传视频。

广州市地方金融监管局在广东广播电视台股市广播（FM95.3）开设每周一期的《金融大讲堂》栏目，听众超过 80 万人，被中国银保监会处置非法集资部际联席会议办公室列为全国处非宣传教育创新成果经验予以推广。借助《外来媳妇本地郎》栏目在广州地区的强大影响力开展防范金融诈骗专题宣传，增强了广大群众对非法集资、套路贷等非法金融活动的识别能力。广州市地方金融监管局报送的《防范和化解非法集资宣传“广州模式”》获得 2019 年广州市国家机关“谁执法谁普法”十大创新项目奖。

第二节

广州市金融风险度量与预警

通过广州市金融风险指标选取、指标权重确定，构建广州市金融风险指标体系，度量金融风险水平并进行相应评价。建立广州市金融风险预警模型，预警金融风险。

一、广州市金融风险度量与评价

（一）广州市金融风险指标体系构建

1. 度量指标选取

根据广州市经济金融信息披露状况，选取经济环境、实体企业、地方政府、金融体系（家庭部门影响主要在金融体系关联指标中体现）等关联指标，建立广州市金融风险指标体系。

经济环境关联指标选取经济压力指数、M2 增长率、居民消费价格指数。广州市经济压力指数通过熵值法对广州市 GDP 增长率、出口增长率、居民消费价格指数、固定资产投资额变化率进行加权计算得出，测度广州市经济环境波动所产生的压力。实体企业关联指标采用企业利润变化率（以规模以上工业企业利润变化率为替代变量）、亏损企业亏损额变化率、房地产固定投资额变化率，综合度量实体企业风险水平。地方政府关联指标评估地方政府风险水平，选用广州市财政缺口、广州市财政收入增长率和财政支出增长率。金融体系关联指标选取广州市贷款增长率、股票筹资额增长率和保险赔付率分别反映广州市银行业、证券业和保险业等金融体系内部风险水平（见表 6－1）。

表 6－1　　广州市金融风险指标体系

指标类别	具体指标及计算方法	单位	属性
经济环境关联指标	经济压力指数	无	正
	M2 增长率	%	正
	居民消费价格指数	%	正

续表

指标类别	具体指标及计算方法	单位	属性
实体企业关联指标	企业利润变化率	%	正
	亏损企业亏损额变化率	%	适度
	房地产固定投资额变化率	%	正
地方政府关联指标	财政缺口	无	正
	财政收入增长率	%	正
	财政支出增长率	%	正
金融体系关联指标	贷款增长率	%	正
	股票筹资额增长率	%	正
	保险赔付率	%	正

2. 指标权重确定

采用层次分析法进行经济环境、实体企业、地方政府、金融体系关联指标赋权。细分指标权重，通过层次分析法计算的权重与熵值法计算的权重加权平均确定（见表6-2）。

表6-2　　　　广州市金融风险指标及权重确定

指标类别	总权重	具体指标	指标权重
经济环境关联指标	12.500%	经济压力指数	4.994%
		M2增长率	4.830%
		居民消费价格指数	2.675%
实体企业关联指标	25.000%	企业利润变化率	9.988%
		亏损企业亏损额变化率	9.661%
		房地产固定投资额变化率	5.351%
地方政府关联指标	12.500%	财政缺口	4.994%
		财政收入增长率	4.830%
		财政支出增长率	2.675%
金融体系关联指标	50.000%	贷款增长率	19.977%
		股票筹资额增长率	19.322%
		保险赔付率	10.702%

根据层次分析法专家学者打分情况，构建指标判断矩阵。计算出的随机一致性比率（CR）小于1，满足随机一致性要求，说明指标权重设定较为合理。因

此，经济环境、实体企业、地方政府、金融体系关联指标权重分别为12.5%、25%、12.5%和50%。

经济环境关联指标方面，经济压力指数、M2增长率、居民消费价格指数指标权重分别为4.994%、4.830%、2.675%；实体企业关联指标方面，企业利润变化率、亏损企业亏损额变化率、房地产固定投资额变化率权重分别为9.988%、9.661%、5.351%；地方政府关联指标方面，财政缺口、财政收入增长率、财政支出增长率权重分别为4.994%、4.83%、2.675%；金融体系关联指标方面，贷款增长率、股票筹资额增长率、保险赔付率权重分别为19.977%、19.322%、10.702%。

（二）广州市金融风险水平度量

在金融风险指标体系的基础上，根据关联指标和细分指标所赋予的权重，加权计算确定2006~2020年广州市金融风险水平及经济环境、实体企业、地方政府、金融体系风险水平（见表6-3、图6-4）。

表6-3 2006~2020年广州市金融风险水平

年份	总风险	经济环境	实体企业	地方政府	金融体系
2006	0.540	0.599	0.570	0.537	0.511
2007	0.475	0.632	0.578	0.925	0.272
2008	0.445	0.731	0.484	0.452	0.352
2009	0.466	0.489	0.274	0.613	0.519
2010	0.492	0.751	0.479	0.651	0.394
2011	0.396	0.645	0.558	0.498	0.227
2012	0.323	0.378	0.251	0.423	0.320
2013	0.416	0.499	0.385	0.635	0.356
2014	0.357	0.302	0.363	0.495	0.334
2015	0.601	0.320	0.365	0.439	0.830
2016	0.237	0.240	0.314	0.361	0.167
2017	0.351	0.210	0.367	0.567	0.324
2018	0.405	0.125	0.376	0.457	0.477
2019	0.389	0.337	0.467	0.412	0.358
2020	0.294	0.168	0.305	0.088	0.371

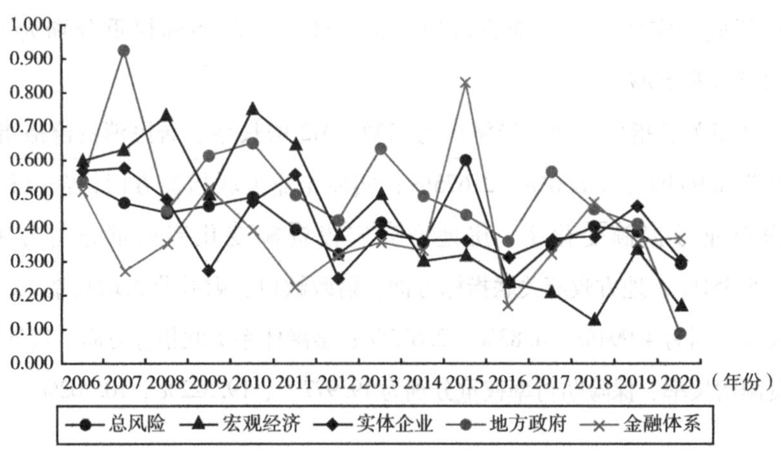

图 6-4　2006~2020 年广州市金融风险变化趋势

（三）广州市金融风险水平评价

2006~2020 年，广州市金融风险水平波动较大，总体上呈现出下降趋势，2006 年风险得分为 0.54，2020 年降到 0.294。受经济环境变动、股票市场价格大幅波动、房地产市场快速扩张等因素影响，2015 年风险水平达到近十五年的最高值 0.601。

近十五年来，广州市经济环境整体上趋好，经济环境风险下降趋势明显，呈现出一定的波动。受全球金融危机影响，2008 年、2010 年风险得分达到 0.731、0.751 等较高水平。2011 年以来，经济环境风险在波动中快速下降，2019 年上升到 0.337，2020 年降低到 0.168。

同样地，广州市实体企业风险也在波动中逐渐下降。全球金融危机以后，风险快速上升，2011 年达到 0.558 的最高水平。2012 年以来，实体企业风险水平在波动中下降，2020 年降低到 0.305。

地方政府风险水平在 2007 年达到最高值 0.925，2008 年出现大幅下降，降低到 0.452。2009~2019 年，地方政府风险水平在 0.5 的高位上下波动，2020 年快速下降到 0.088。

金融体系风险波动性最大，2009 年风险水平高达 0.519，2011 年降低到 0.227，随后金融体系风险水平呈现上升趋势，2015 年达到 20 年以来的最高水平

0.837。2016年出现大幅下降，风险水平仅为0.167，之后又出现上升，2020年维持在0.371的较高水平。

（四）广州市实体经济风险与金融体系风险关系研究

“耦合”能够反映不同系统之间的相互协调关系。被引入经济社会系统研究后，耦合主要表现为协调与发展两个方面的综合。协调说明系统在特定时点的相互配合情况，发展则反映系统之间随着时间推移共同变化的过程。协调与发展相互交织、共同推进，支持不同系统之间的“耦合”。

从区域金融风险理论分析可知，金融风险与实体经济风险之间关联关系较强，实体经济风险通过金融契约关系传递到金融机构，金融体系内部风险累积，加剧区域金融风险生成累积。为检验广州市实体经济风险与金融体系风险之间关系，采用耦合协调模型，计算两者的发展度和耦合度，分析两类风险之间的耦合协调关系。

1. 协调耦合模型原理

耦合协调模型主要通过协调度（C）、发展度（T）和协调耦合度（D）的计算，度量两个系统之间的协调与发展状况，具体公式如下：

$$C=\left[\frac{f(x)\cdot g(y)}{((f(x)+g(x))/2)^2}\right]^k \tag{6-1}$$

$$T=\alpha f(x)+\beta g(y) \tag{6-2}$$

$$D=\sqrt{C\cdot T} \tag{6-3}$$

其中，f(x)与g(x)分别代表两个系统的度量指标，k为调节系数，通常取2，α、β分别为两个系统权重，取值均为0.5。耦合度C取值范围为0～1。耦合度C越大，证明相关研究对象间的耦合度越高；相反，C越接近0，表示研究系统间的耦合度越小。

耦合协调度在0～0.4（包括0.4）之间，说明两个系统之间协调水平低，处于低水平发展阶段。耦合协调度在0.401～0.6（包括0.6）之间，说明两个系统之间协调水平中等，处于快速发展阶段。耦合协调度在0.601～0.8（包括0.8）之间，说明两个系统之间协调水平良好，处于较高水平发展阶段。耦合协调度在0.801～1（包括1）之间，说明两个系统之间协调水平高，处于高水平发展阶段

（见表6－4）。

表6－4　　耦合协调阶段划分标准与特征

协调度	协调类型	阶段划分
(0, 0.400]	低度协调	低水平阶段
(0.401, 0.600]	中度协调	中等水平阶段
(0.601, 0.800]	良好协调	较高水平阶段
(0.801, 1.000]	高度协调	高水平阶段

2. 主要指标数据选取

耦合协调模型需要设定两个系统，并选取具体度量指标及数据。根据广州市金融风险度量指标体系和数据可得性，选用实体企业风险指标代表实体经济风险，选用金融体系风险指标代表金融体系风险。两个系统的指标数据起始年份为2006年，终止年份为2020年。

3. 协调耦合模型结果

根据协调耦合模型原理，设定调节系数 $k=2$，根据公式计算得出实体经济风险与金融风险之间的协调度（C）、发展度（T）和协调耦合度（D）。模型结果表明，2006～2020年，广州市实体经济风险与金融体系风险协调度较高，发展度较低，协调度一直高于发展度，协调度与发展度均呈现较大波动性。

2006年以来，实体经济风险与金融体系风险的协调耦合度在0.6上下波动，徘徊在中等协调和良好协调之间，处于中等和较高水平阶段。2016年协调耦合度最低，仅为0.447，说明两种风险中度协调，处于快速发展阶段（见表6－5、图6－5）。协调耦合度所处类型和阶段变化说明，实体经济风险与金融风险之间有较强的关联关系，实体经济风险通过金融契约向金融体系传递，要关注实体经济风险与金融风险的关联性。

表6－5　　广州市实体经济风险与金融体系风险耦合协调模型结果

年份	协调度	发展度	协调耦合度
2006	0.996	0.516	0.717
2007	0.703	0.464	0.571
2008	0.994	0.378	0.613

续表

年份	协调度	发展度	协调耦合度
2009	0.827	0.407	0.580
2010	0.952	0.464	0.665
2011	0.717	0.421	0.550
2012	0.865	0.283	0.495
2013	0.995	0.423	0.649
2014	1.000	0.367	0.606
2015	0.749	0.608	0.675
2016	0.730	0.273	0.447
2017	1.000	0.339	0.582
2018	0.871	0.403	0.593
2019	0.993	0.403	0.633
2020	0.967	0.335	0.569

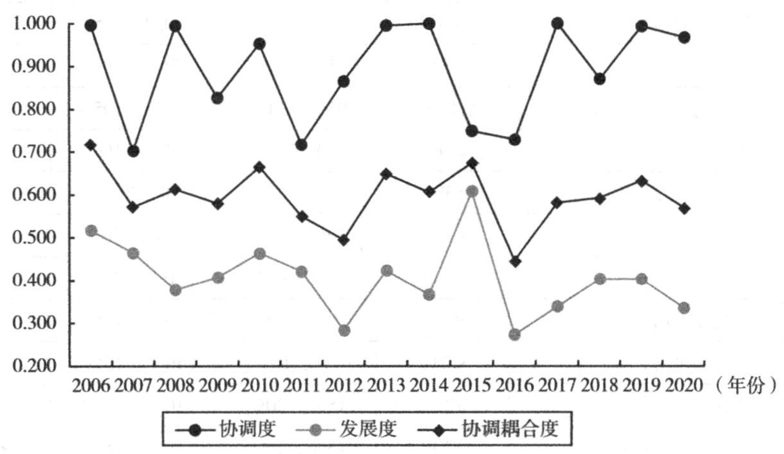

图 6-5　2006~2020 年广州市实体经济风险与金融体系风险协调耦合变化趋势

二、广州市金融风险预警

（一）广州市金融风险预警体系构建

在金融风险度量指标体系的基础上，选取信号灯风险预警模型，通过在不同安全状态区间内亮灯的方法进行风险预警。将金融风险水平划分为危险、警惕、基本安全、安全四类状态，分别以红灯、黄灯、蓝灯和绿灯进行风险指示。红灯亮起则说明风险水平很高，处于危险状态，要及时采取风险管控措施；黄灯亮起说明风险水平高，需要警惕。

在风险状态分数设定方面，危险状态分数在0～30分（包括30分）之间，警惕状态分数在30～50分（包括50分）之间，基本安全状态分数在50～80分（包括80分）之间，安全状态分数在80～100分（包括100分）之间。为反映不同关联指标的安全警限标准，结合广州市金融风险指标的意义，为细分指标确定不同风险状态的具体指标范围（见表6－6）。

表6－6　　广州市金融风险指标风险等级划分与分值

指标类别	具体指标	风险等级			
		危险 (0，30]	警惕 (30，50]	基本安全 (50，80]	安全 (80，100]
经济环境关联指标	经济压力指数	≥0.7	[0.5，0.7)	[0.2，0.5)	<0.2
	M2增长率	≤5%	(5%，7%]	(7%，10%]	>10%
	居民消费价格指数	≥110%	[105%，110%)	[101%，105%)	<101%
实体企业关联指标	企业利润变化率	≤0%	(0，2%]	(2%，3%]	>3%
	亏损企业亏损额变化率	≥30%	[20%，30%)	[0，20%)	<0%
	房地产固定投资额变化率	≥30%	[20%，30%)	[5%，20%)	<5%
地方政府关联指标	财政缺口	≥0.5	[0.2，0.5)	[0.1，0.2)	<0.1
	财政收入增长率	≤7%	(7%，10%]	(10%，15%]	>15%
	财政支出增长率	≤7%	(7%，10%]	(10%，15%]	>15%
金融体系关联指标	贷款增长率	≥20%	[15%，20%)	[10%，15%)	<10%
	股票筹资额增长率	≥20%	[15%，20%)	[10%，15%)	<10%
	保险赔付率	≥80%	[70%，80%)	[60%，70%)	<60%

（二）广州市金融风险预警过程与结果

1. 预警过程解释

根据金融风险预警模型体系的设定，对2006～2020年广州市经济环境、实体企业、地方政府和金融体系等细分领域的风险指标进行打分，通过加权计算得到广州市金融风险预警得分，然后进行信号灯风险预警。

区域金融风险预警指标打分方法采用阈值法。对于数值越大，安全程度越低的安全条件指标，分数计算公式为：

$$S=\frac{(x_L-x)}{(x_L-x_M)}\times(S_M-S_L)+50=\frac{(x_M-x)}{(x_M-x_L)}\times50+50 \tag{6-4}$$

对于数值越大，安全程度越高的安全条件指标，分数计算公式为：

$$S=100-\frac{(x_M-x)}{(x_M-x_L)}\times(S_M-S_L)=100-\frac{(x_M-x)}{(x_M-x_L)}\times50 \tag{6-5}$$

其中，S 代表安全分数，x 表示实际观测值，x_L为指标实际观测值所在区间危险警限值，x_M为指标实际观测值所在区间安全警限值，S_M代表指标安全警限值对应的标准分值 100 分，S_L代表指标危险警限值对应的标准分值 50 分。

2. 预警结果分析

广州市金融风险预警得分变化较大，受全球金融危机、欧债危机等影响，2006～2012 年广州市金融风险在较高水平波动，安全评分较低，均小于 80 分，信号灯一直为蓝灯，处于基本安全状态，但有进入警惕状态的可能性，需要及时防控风险。

2013 年，广州市金融风险预警得分上升到 86.924，处于安全状态，亮绿灯。2014 金融风险预警得分出现下降，进入基本安全状态，亮起蓝灯。2015 年，受国内“股灾”等影响，安全水平快速下降，预警得分仅为 39.688，进入警惕状态，亮起黄灯，亟须金融风险防控。

2016 年，金融风险水平降幅较大，进入安全状态，亮起绿灯。2017～2020 年风险水平一直在低位波动，均处于基本安全，亮着蓝灯。广州市金融业受新冠肺炎疫情重大风险事件的影响较小，2020 年金融风险预警得分为 79.489，但仍需要及时有效地管控区域性风险，防范区域性系统性风险的生成。

受经济环境变化的影响，经济环境风险预警得分有一定波动，2006～2020 年，风险得分在基本安全和安全状态徘徊。2012～2018 年，广州市金融业发展面临的宏观环境较为稳定，风险水平一直较低，预警得分相对较高，2018 年受经济下行压力加大的影响，宏观环境变化较大，风险水平提升，预警得分降低到 67.747，处于基本安全状态，由绿灯转为蓝灯，需要关注相关风险。

实体企业风险波动性较大，风险预警得分也出现大幅波动。2008 年、2011 年、2014 年、2015 年、2019 年实体企业风险水平高，处于危险状态，亮起红灯。2003～2008 年，风险预警得分从 51.771 上升到 86.987，从基本安全状态转为安全状态，信号灯由蓝色转为绿色。2009 年以来，实体企业风险水平波动较大，风险预警得分变化也较大，2019 年、2020 年实体企业风险较高，风险预警得分分别仅为 49.885、49.654，进入警惕状态，信号灯也转变为黄色，说明实体企业需要及时进行风险管控。

2001～2003 年，地方政府风险水平较低，风险预警得分较为稳定。2006 年、2007 年、2010 年、2013 年、2017 年，地方政府风险水平低，得分均为满分，处于安全状态，亮着绿灯。2018 年、2011 年、2012 年、2014 年、2015 年、2019 年，地方政府风险预警得分低，处于危险状态，亮起红灯，亟须管控相关风险（见表 6－7）。

表 6－7　2006～2020 年金融风险预警得分

年份	经济环境	实体企业	地方政府	金融体系	总评分
2006	61.129	51.542	100.000	42.100	54.077
2007	59.868	78.597	100.000	60.748	70.007
2008	51.412	13.980	61.357	68.265	51.724
2009	90.314	95.578	81.098	21.403	56.023
2010	54.160	78.597	100.000	25.528	51.683
2011	60.021	0.000	79.591	100.000	67.451
2012	83.285	21.403	39.954	81.254	61.383
2013	67.905	79.157	100.000	92.293	86.924
2014	84.525	0.000	75.294	90.136	65.045
2015	87.336	13.946	39.954	40.581	39.688
2016	92.215	78.597	45.836	97.938	85.875
2017	84.489	58.409	100.000	78.718	77.022
2018	83.865	61.357	83.119	62.575	67.500
2019	67.747	0.393	61.082	75.736	54.070
2020	89.691	94.147	53.632	76.074	79.489

广州市金融体系风险水平波动也较大。2006 年金融体系风险预警得分仅为 42.100，处于警惕状态，信号灯黄灯亮起。2009 年，金融体系风险出现大幅下

降，预警得分降到21.403的最低水平。2015年股灾的发生使金融体系风险水平较前四年大幅提高，预警得分仅为40.581，处于警惕状态，亮起黄灯。2018年以来，受经济下行压力加大、新冠肺炎疫情暴发等重大事件的影响，金融体系风险增大，风险预警得分降低，2020年风险预警得分为76.074（见表6-7），虽然处于基本安全状态，亮起蓝灯，但仍须防控金融风险，防范化解区域性系统性风险。

第三节 广州市典型金融机构风险度量与预警

选取广州市典型金融机构，分析面临的风险与风险管理现状。构建广州市典型金融机构风险指标体系，度量并评价金融风险水平。建立典型金融机构风险预警模型并进行风险预警。

一、典型金融机构风险与风险管理分析

广州市经济较为发达，金融机构众多，全国性金融机构在此设立分支机构，也有不少地方法人金融机构。根据广州市金融机构信息披露情况，选取广发银行、广州银行和广州农商行等典型商业银行，广发证券、万联证券、中信证券华南公司（原广州证券公司）等典型证券公司，久隆产险、珠江人寿、复星联合健康保险、广东能源自保等典型保险公司以及广州发展集团财务公司、南方电网财务公司和广东省农垦集团财务公司等典型财务公司，分析其风险相关指标变化情况和风险管理制度、风控组织架构等。

（一）典型商业银行风险与风险管理分析

1. 广发银行风险与风险管理分析

2011~2020年，广发银行信用风险基本可控，不良贷款率在1.37%上下波动，2016年不良贷款率达到1.59%，是近十年的最高水平。2017年以来，不良贷款率逐渐上升，2019年和2020年均为1.55%。2011~2017年，拨备覆盖率有下降趋势，随后拨备覆盖率略有上升，2020年达到178.32，风险覆盖状况有所好转。广

发银行资本充足率波动中上升较大，2013 年资本充足率大幅下降，仅为 9%，随后呈现上升趋势，2020 年资本充足率达到 12.5%，资本管理有待加强（见图 6－6）。

在经济增速下行趋势明显、风险加速暴露和严监管环境下，广发银行合理评估风险承担水平，优化风险偏好传导机制，加强风险管理制度体系建设，进一步强化资产质量管控，完善关联交易风险管理。

2. *广州银行风险与风险管理分析*

近十年来，广州银行不良贷款率有一定的上升趋势，2011 年不良贷款率仅为 0.03%，2020 年达到 1.1%，需要及时管控信用风险。2015 年广州银行拨备覆盖率出现大幅下降，随后拨备覆盖率在波动中缓慢上升，2020 年达到 241.75%，风险覆盖状况逐渐好转。广州银行资本充足率缓慢上升，2011 年为 12.07%，2020 年达到 12.43%，仍须加强资本管理（见图 6－6）。

广州银行坚持风险经营，以大风险、大集中为方向，建设全面风险管理体系。推进集中统一的风险授权管理体系建设，强化不良资产处置及核销力度，提升自主风控能力，自主研发的大数据风控模型部署应用，着力提升风险自主研判和控制能力。

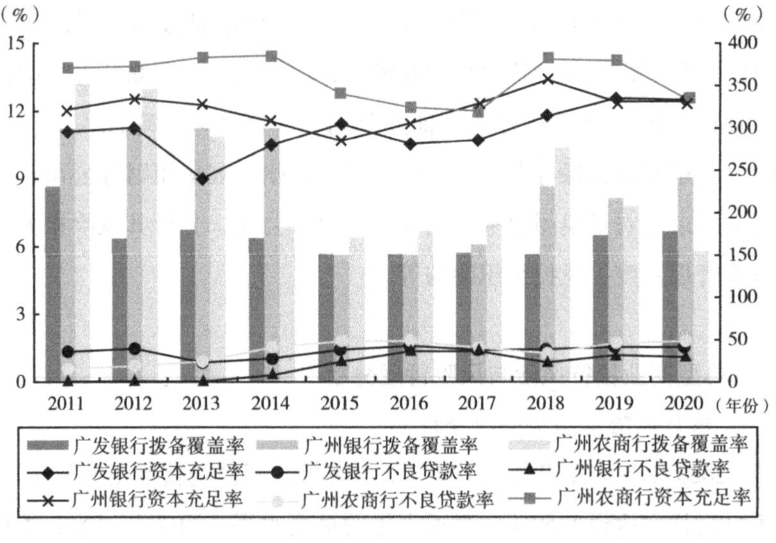

图 6－6　2011～2020 年广发银行、广州银行和广州农商行主要风险指标

资料来源：广发银行、广州银行和广州农商行年度报告（2011～2020 年）。

3. 广州农商行风险与风险管理分析

2011～2020 年，广州农商行不良贷款率相对较高，逐渐上升，2011 年仅为 0.59%，2020 年达到 1.81%，需要加强信用风险管理，防控信贷风险。2011～2013 年，拨备覆盖率相对较高，2014 年出现大幅下降，2018 年上升较快，随后又出现下降，2020 年为 154.85%，说明风险覆盖状况变化较大，存在风险隐患。广州农商行资本充足率均大于 12%，远高于资本监管要求，近十年的资本充足率均值为 13.47%，资本充足状况良好（见图 6－6）。

广州农商行经营活动面临多种金融风险，管理风险对于业务发展至关重要。公司制定风险管理政策，识别并分析相关风险，通过最新可靠的信息系统对风险及其限额进行监控，最终达到风险与收益之间恰当的平衡，以尽可能地减少对财务表现的潜在不利影响。

（二）典型证券公司风险与风险管理分析

1. 广发证券风险与风险管理分析

2020 年广发证券核心风险控制指标运行良好，符合监管标准。截至 2020 年 12 月 31 日，母公司净资产 855.04 亿元，净资本 648.97 亿元，其中附属净资本为 59 亿元，核心净资本为 589.97 亿元。截至 2020 年末，公司各项风控指标均保有较高的安全边际，为业务发展预留了充足的空间。近十年来，广发证券资产负债率较高，较为稳定，在 76% 上下波动，负债经营特点明显，需要加强风险管理（见图 6－7）。

广发证券有着稳健的经营理念和持续完善的合规及风控体系。公司秉持“稳健经营”理念，坚守合规底线，持续夯实风控生命线。公司建立并持续完善全面风险管理体系，建立了一套有效的涵盖合规风险文化、治理架构、机制与实践、基础设施等在内的全面风险管理体系，覆盖公司面临的各类风险、各类业务、分支机构及控股子公司。多年以来，公司资产质量优良，各项主要风控指标均持续符合监管指标，杠杆监管指标安全边际较大，拥有较强的风险抵御能力。

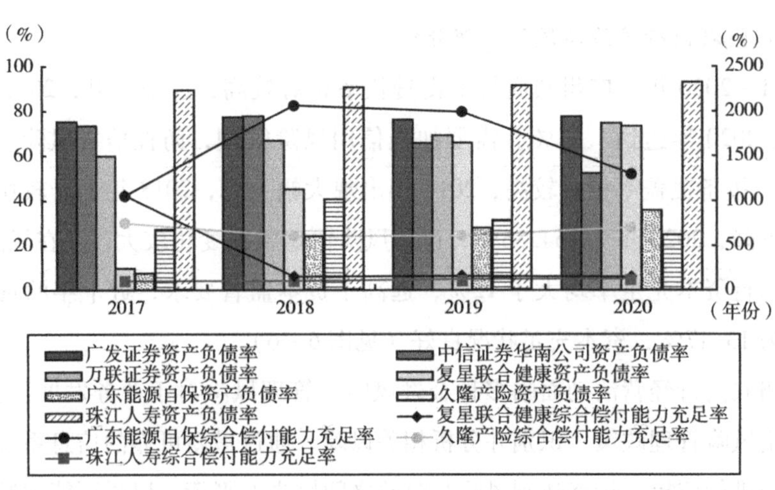

图6－7　2017～2020年广州市典型证券公司、保险公司风险数据

数据来源：广发证券等公司年度报告（2017～2020年）。

2. 万联证券风险与风险管理分析

万联证券业务经营负债性较强，2017年以来，资产负债率上升趋势明显，2017年资产负债率为59.88%，2020年达到74.59%，负债率较高，存在风险隐患，需要加强风险管理。

2020年，根据监管机关以及提升公司内部管理的要求，万联证券继续完善一系列流动性风险管理的制度、流程以及工具。各项流动性监管指标优于监管要求标准，全年未出现流动性风险事件。

3. 中信证券华南公司风险与风险管理分析

2020年，中信证券华南公司风险覆盖率、资本杠杆率、流动性覆盖率、净稳定资金率等核心风险控制指标均符合监管预警标准。公司整体资产质量较好，资本充足率高，风险承受力较强。2020年末，流动性比率为291.06%，流动性覆盖率为501.47%，净稳定资金率为234.08%，流动性风险控制指标持续符合监管规定。2018～2020年，公司资产负债率下降趋势明显，2018年资产负债率为73.31%，2020年下降到52.25%，负债率略有下降，仍须加强风险管理。

中信证券华南公司建立了符合公司实际情况、适应公司业务发展的风险管理规章制度，风险管理符合国家有关法律法规和中国证监会的有关规定，与公司经营规模、业务范围、风险状况及公司所处的环境相适应。

（三）典型保险公司风险与风险管理分析

1. 久隆产险公司风险与风险管理分析

久隆产险偿付能力一直充足，近四年偿付能力充足率均大于600%，偿付风险可控。公司资产负债率较低，2018 年为40.68%，是近四年的最低水平，负债经营风险较低。

久隆产险以偿二代的正式实施为契机，从组织架构、职责分工、制度体系和系统建设等方面着手，力求完善公司治理结构，强化内部风险控制，建立全面风险管理框架和工作机制，实施全面风险管理。公司在产品开发、销售、承保、理赔、客服、财务和投资等经营管理各个环节建立了以风险为导向的内控制度体系，将全面风险管理的要求落实到经营管理各个环节。2020 年，公司面临的保险风险、市场风险、操作风险等整体可控，信用风险较小，并未发生重大信用风险事件。公司2020 年的流动性非常充足，风险较小。

2. 珠江人寿风险与风险管理分析

在确保偿付能力达标及流动性充足的前提下，珠江人寿合理管控成本，推动业务结构持续优化及持续盈利，将风险控制在与公司总体目标相适应并可承受的范围内。公司通过建立风险管理三道防线和完善风险管理制度和流程，强化重要环节的职责分工，完善各类风险的识别、评估、计量方法，持续推动风险管理技术和工具的落地实施，不断提升风险管理能力。2020 年，公司坚持稳健审慎的风险管理策略，持续加强风险防控能力，各类风险均在可承受的范围内。

2017~2020 年，珠江人寿综合偿付能力充足率均大于100%，缓慢上升，2020 年达到124.78%，偿付能力有待提升，需要加强风险管理。公司资产负债率较高，一直在90%上下波动，负债水平较高，债务违约风险管控需要加强。

3. 复星联合健康保险风险与风险管理分析

通过风险管理组织架构的设置，复星联合健康保险建立了以偿二代风险管理为中心的三道防线风险管理框架，形成由各职能部门及分支机构前端识别，风险管理部门中端管控，审计部门后端监督的工作机制。各部门各司其职，各负其责，加强协作，共同做好风险管理工作。2020 年，公司保险风险、市场风险、信用风险整体可控，未发生流动性风险事件，整体操作风险和声誉风险在可控范围内。

2017 年复星联合健康保险综合偿付能力充足率为 1060.7%，2018 年快速下降到 152.99%，随后两年没有出现大幅波动，需要加强偿付风险管理，提升偿付能力。2017 年公司资产负债率仅为 9.68%，2020 年上升到 73.26%，负债经营风险增大，需要加强风险管理。

4. 广东能源自保公司风险与风险管理分析

广东能源自保公司公司建立了由董事会负最终责任、管理层直接领导，以风险管理机构为依托，相关职能部门密切配合，覆盖所有业务和经营活动的风险管理组织体系。公司以偿付能力风险管理为中心建设三道防线，针对保险公司偿付能力风险管理的主要风险开展对应的风险识别、监督、预警、处理等。

2020 年，公司保险风险、市场风险、信用风险整体可控，未发生流动性风险事件，整体操作风险和声誉风险在可控范围内。公司偿付能力一直较为充足，2017 ~2020 年综合偿付能力充足率均大于 1000%，偿付风险可控。公司资产负债率较低，2017 年仅为 7.96%，2020 年上升到 35.82%，负债违约风险可控。

（四）典型财务公司风险与风险管理分析

1. 广州发展集团财务公司风险与风险管理分析

2018 年末，公司总资产为 69.13 亿元，2019 年上半年资产规模增加 2.28 亿元，达到 69.13 亿元。同样地，公司负债也从 2018 年底的 54.64 亿元增长到 2019 年中的 57.63 亿元。半年时间内，公司资产负债率也出现上升，2018 年底为 81.74%。2019 年中达到 83.36%，说明公司杠杆率增大，负债经营风险提高，存在更多的风险隐患，需要加强风险管控。

2016 年 8 月 16 日，广州发展集团财务有限公司成立。该公司是广州市属企业第一家财务公司，对于完善广州金融体系、推进金融创新发展、鼓励广州市属企业开展产融结合具有极强的示范效应。自成立以来，公司充分发挥“资金归集平台、资金结算平台、资金监控平台、金融服务平台”优势，为成员单位持续提供金融服务与支持。公司已建成地区内较为先进的资金管理系统、比较完善的服务网络和金融服务功能体系，行业评级逐年稳步提升，在2018年度监管评级中获评为2A企业，为公司下一阶段的新业务拓展工作打下了坚实基础。

2. 南方电网财务公司风险与风险管理分析

南方电网财务公司主要为南方电网公司及其成员单位提供金融服务。截至2019年底，公司资产规模达660.64亿元，同比增长12.84%，与开业之初的2004年相比增长了14倍；经营收入28.62亿元，与2004年相比增长了118倍；净利润14.37亿元，与2004年相比增长了204倍。贷款规模从2012年末的150.13亿元增长至2019年末的480.31亿元，累计托管票据1473.28亿元，为能源产业价值链上下游企业提供融资支持27.33亿元。

南方电网财务公司风险管理制度较为健全，风险管理部门设立较为完备。公司在“三会一层”的基础上，设立有风险管理委员会、审计委员会、信贷审查委员会和投资审查委员会等，建立了专门的风控及法规部门。公司直属营业部和广西、云南、贵州和海南分公司均设立有风险稽核部门。在业务经营快速发展的同时，没有发生资金安全事故，不良贷款率、不良资产率为零。

3. 广东省农垦集团财务公司风险与风险管理分析

2019年12月27日，广东省农垦集团财务有限公司正式挂牌营业，填补了广东省国有农业龙头企业财务公司行业类别的空白。公司坚持把“三农”作为金融优先服务领域，持续增加有效金融服务，坚持合规经营，精细严谨，用好“集团统一结算平台、资金集中管理平台和筹融资平台”三大平台，为集团成员单位提供专业化、差异化、精准化的优质金融服务，支持垦区现代农业发展。

虽然开业时间短，但2019年底公司资产规模已经达到5.05亿元。2019年营业收入接近287.55万元，净利润52.93万元，净资产收益率为0.11%。2019年末，公司负债0.04亿元，资产负债率为0.83%，说明企业杠杆率低、风险隐患较少、经营风险可控、发展较为稳健。

二、广州市典型金融机构风险度量与评价

广州典型金融机构风险主要表现在金融机构业务经营过程中，因此采用典型商业银行、证券公司、保险公司和信托公司风险相关指标，构建广州典型金融机

构风险水平评价指标体系。将广州典型金融机构风险度量预警模型应用于典型的地方法人金融机构风险度量与分析实践中，度量广州典型金融机构风险生成累积情景，分析区域金融风险生成累积程度。

（一）典型金融机构风险度量模型构建

根据广州典型金融机构信息披露的状况，选取广发银行、广州银行和广州农商行资本充足率、拨备覆盖率和不良贷款率反映银行业风险水平，指标以单一银行年末总资产占三家银行总资产比为权重计算得出。证券业风险指标采用广发证券、万联证券和中信证券华南公司营业收入变化率、净利润变化率和资产负债率，证券业风险指标权重计算与银行业类似。保险业风险指标则选取珠江人寿、久隆产险、广东能源自保公司和复星联合健康保险公司综合偿付能力充足率、保险业务收入变化率和资产负债率，最终指标以资产占比为权重进行计算得出（见表6－8）。

表6－8　　广州典型金融机构风险指标体系

行业	具体指标	单位
商业银行	资本充足率	%
	拨备覆盖率	%
	不良贷款率	%
证券公司	营业收入变化率	%
	净利润变化率	%
	资产负债率	%
保险公司	综合偿付能力充足率	%
	保险业务收入变化率	%
	资产负债率	%

在所选取的风险相关指标基础上，首先，以总资产为权重，设定广州市典型商业银行、证券公司和保险公司权重，广发银行、广州银行和广州农商行为代表的典型银行资产规模大，权重为87.892%。典型证券公司、保险公司权重分别为10.357%、1.751%（见表6－9）。

其次，采用熵值法，确定具体风险指标权重。银行业风险指标资本充足率、拨备覆盖率、不良贷款率权重分别为26.817%、29.824%、31.251%。证券业风险指标营业收入变化率、净利润变化率和资产负债率权重分别为3.160%、3.514%、3.682%。保险业风险指标综合偿付能力充足率、保险业务收入变化率和资产负债率权重分别为0.534%、0.594%、0.623%（见表6-9）。

表6-9　　广州典型金融机构风险指标权重计算结果

指标类型	总权重	具体指标	权重设定
商业银行	87.892%	资本充足率	26.817%
		拨备覆盖率	29.824%
		不良贷款率	31.251%
证券公司	10.357%	营业收入变化率	3.160%
		净利润变化率	3.514%
		资产负债率	3.682%
保险公司	1.751%	综合偿付能力充足率	0.534%
		保险业务收入变化率	0.594%
		资产负债率	0.623%

（二）典型金融机构风险水平度量

根据构建的广州市典型金融机构风险度量指标体系，通过加权计算，得出2015~2020年广州典型金融机构风险水平及银行业、证券业、保险业典型机构风险水平（见表6-10）。

表6-10　　广州典型金融机构风险水平度量结果

年份	商业银行	证券公司	保险公司	总风险
2018	0.453	0.336	0.629	0.444
2019	0.452	0.623	0.701	0.474
2020	0.444	0.530	0.886	0.460

（三）典型金融机构风险水平评价

近三年来，广州典型金融机构风险水平较为稳定，在0.460上下波动。典型商业银行风险水平较低且较为稳定。2018年，典型证券公司风险水平较低，仅为0.336，2019年风险水平增长一倍达到0.623，2020年仍保持在0.53的高位水平。典型保险公司风险水平较高，呈现上升趋势，2018 年风险得分为 0.629，2020 年上升到 0.886（见表 6－10）。

三、广州市典型金融机构风险预警

在广州市金融机构风险指标确定的基础上，选取信号灯风险预警模型，设定风险状态分值及指标安全警限标准，对广州市典型金融机构风险水平进行预警。

（一）典型金融机构风险预警模型构建

在广州典型金融机构风险水平评价指标体系的基础上，选取信号灯风险预警模型，通过在不同安全状态区间内亮灯的方法进行风险预警。将广州典型金融机构风险水平划分为安全、基本安全、警惕和危险四类状态，分别以绿灯、蓝灯、黄灯和红灯进行风险指示，黄灯亮起说明风险水平高，红灯亮起则说明风险水平过高，超出警限范围，需要重点关注并采取风险管控措施。

在金融预警风险状态分值方面，安全状态分数大于 80 分，最高分值为 100 分。基本安全状态的分值大于 50 分，最高为 80 分。警惕状态分值则大于 30 分，小于等于 50 分，危险分值最高 30 分。根据广州典型金融机构风险度量指标的含义，为指标确定不同风险状态的具体指标范围，反映不同行业风险安全警限标准（见表 6－11）。

表 6－11　广州典型金融机构风险状态分值表及指标安全警限标准

行业	风险度量指标	风险状态分值及指标安全警限标准			
		安全（绿灯）	基本安全（蓝灯）	警惕（黄灯）	危险（红灯）
		(80，100]	(50，80]	(30，50]	(0，30]
银行业	资本充足率	>9%	(7%，9%]	(4%，7%]	≤4%
	拨备覆盖率	>170%	(140%，170%]	(90%，140%]	<90%
	不良贷款率	≤3%	(3%，9%]	(9%，15%]	>15%
证券业	营业收入变化率	>10%	(7%，10%]	(3%，7%]	≤3%
	净利润变化率	>120%	(90%，120%]	(50%，90%]	≤50%
	资产负债率	≤90%	(90%，95%]	(90%，100%]	>100%

续表

行业	风险度量指标	风险状态分值及指标安全警限标准			
		安全（绿灯）	基本安全（蓝灯）	警惕（黄灯）	危险（红灯）
		(80，100]	(50，80]	(30，50]	(0，30]
保险业	综合偿付能力充足率	>110%	(80%，110%]	(30%，80%]	≤30%
	保险业务收入增长率	>20%	(10%，20%]	(1%，10%]	≤1%
	资产负债率	≤90%	(90%，95%]	(90%，100%]	>100%

（二）典型金融机构风险预警结果分析

2018～2020年，广州市典型金融机构风险预警总评分一直较高，处于安全状态，亮绿灯。典型商业银行风险水平低，一直处于安全状态。2018年，受宏观环境和资本市场变化的影响，典型证券公司风险水平高，处于警惕状态，亮起黄灯，在及时进行风险管控后，安全评分大幅上升，2019～2020年处在安全状态，亮起绿灯。2018～2019年，典型保险公司风险水平较高，处于基本安全状态，信号灯为蓝灯，2020年则由基本安全状态转为安全状态，亮起绿灯（见表6－12）。

表6－12　　2018～2020年广州典型金融机构风险预警得分

年份	银行	证券	保险	总评分
2018	100.000	35.556	66.067	92.732
2019	100.000	100.000	66.067	99.406
2020	100.000	100.000	96.192	99.933

第七章

区域金融风险度量与预警研究

河南省案例

选择典型省域案例河南省，分析其金融业及典型金融机构发展现状、面临的主要风险及风险防控情景，构建风险指标体系，度量、预警区域金融风险。

进入21世纪以来，河南省面临的经济环境复杂多变，地区生产总值规模持续扩大，经济增长速度波动较大。2001～2006年，河南省经济增长速度呈上升趋势。全球金融危机及国内经济环境变化对河南省经济增长造成了较大的影响，2007～2009年，全省GDP增速下降超过10个百分点。2010年以来，河南省GDP增速下降趋势明显。2020年，受新冠肺炎疫情的影响，GDP增速较上一年出现大幅下降。2001年以来，河南省居民消费价格指数波动也较大，区域经济发展存在较大的通货膨胀压力（见图7－1）。

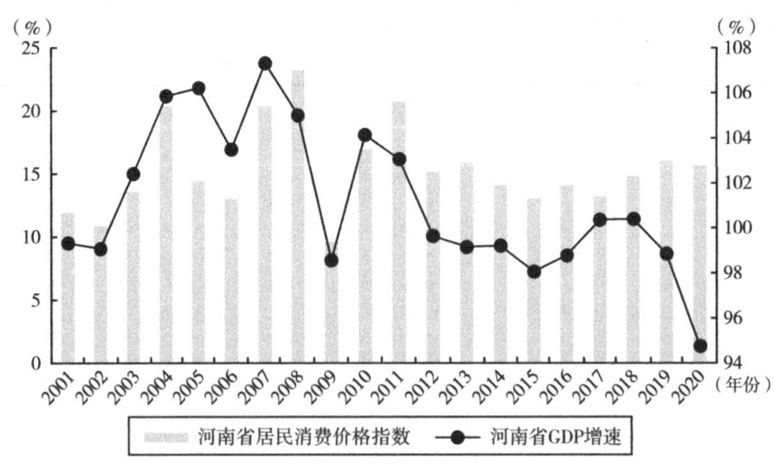

图7－1　2001～2020年河南省GDP增速和居民消费价格指数

数据来源：根据银保监会网站数据、《河南省统计年鉴》和《河南省统计公报》数据整理而成。

实体企业是河南省经济社会发展的重要力量。作为生产经营性部门，实体企业是金融资源需求方，通过多种方式融资。实体企业获得金融资源的能力和自身经营风险高低存在着一定差异。2001～2019年河南省规模以上工业企业资产负债率在60%上下波动，利润增长率波动较大，说明河南省规模以上工业企业负债经营能力较强，也反映了企业经营存在较高的违约风险。商品房销售增长率的大幅波动则反映了河南省房地产行业面临的较高风险（见图7－2）。

经济环境变化对河南省金融发展产生较大影响，实体企业经营过程中存在的风险可能会传递到金融体系，增加个别金融机构或市场的风险，风险没有及时进行管控可能形成区域金融风险。

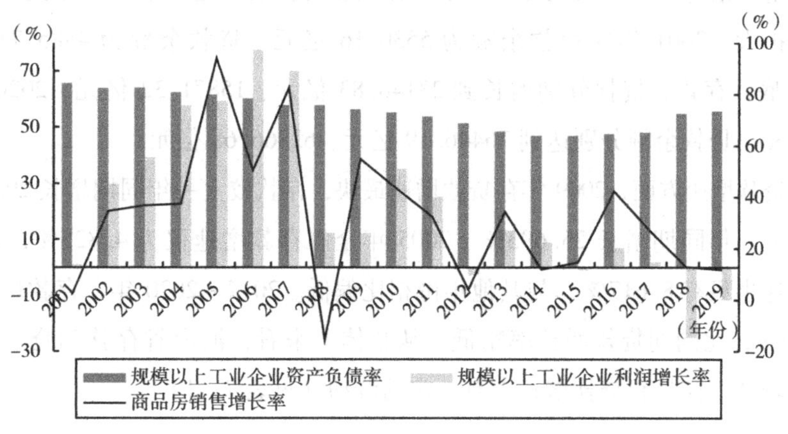

图7－2　2001～2019年河南省实体企业经营情况

数据来源：根据《河南省统计年鉴》（2002～2020年）数据整理而成。

第一节

河南省金融发展、金融风险与风险防控现状

河南省金融运行总体平稳，金融发展状况良好，服务实体经济质效稳步提升。全省存款、贷款逐年持续增长，信贷投向结构不断优化。证券市场融资功能不断增强，融资规模变化较大。保险业风险保障功能有效发挥，保险深度存在一定波动性。

河南省面临多种多样的金融风险，风险不断变化，存在一定隐蔽性。河南省有针对性地出台了多项措施，强化相关方协同联动，形成防控合力，提升金融风险抵

御、治理和化解能力，守住了不发生区域性系统性金融风险的底线。在宏观和区域经济环境不断变化的背景下，河南省金融风险防范化解能力仍须进一步提升。

一、河南省金融发展现状分析

河南省金融体系较为健全，各类金融机构数量众多，为河南省经济社会发展提供了种类丰富的金融产品和服务。

（一）银行业发展现状分析

河南省银行业发展状况良好。全省存款和贷款余额逐年增长，存款和贷款规模不断扩大。2001 年底存款余额为 5530.16 亿元，贷款余额为 4885.73 亿元。2010 年底，存款、贷款分别增长到 23148.83 亿元、15871.32 亿元。2020 年底，存款余额、贷款余额分别达到 76446.19 亿元、62866.68 亿元。

存贷款增速方面，2009 年存贷款增速最快，存款较上一年同期增长 29.604%、贷款较上一年同期增长 25.693%。2005 年全省存款增速仅为 4.825%，2008 年存款增速也只有 8.617%，与其他年份相比偏低。2017～2020 年，存款增长率均低于 10%，比同期贷款增长率略低。从整体上来看，河南省存款和贷款平均增长速度较高，存款和贷款增长率有一定的波动（见表 7－1）。

表 7－1　2001～2020 年河南省人民币存贷款余额与增速　单位：亿元，%

年份	存款余额	贷款余额	贷款增长率	存款增长率	年份	存款余额	贷款余额	贷款增长率	存款增长率
2001	5530.160	4885.730	12.137	16.341	2011	26646.150	17506.240	10.301	15.108
2002	6451.590	5553.580	13.669	16.662	2012	31970.430	20301.720	15.968	19.981
2003	7618.030	6422.660	15.649	18.080	2013	37591.700	23511.410	15.810	17.583
2004	8631.790	7092.310	10.426	13.307	2014	41374.910	27228.270	15.809	10.064
2005	10003.960	7434.530	4.825	15.897	2015	47629.910	31432.620	15.441	15.118
2006	11492.550	8567.330	15.237	14.880	2016	53977.620	36501.170	16.125	13.327
2007	12576.420	9545.480	11.417	9.431	2017	59068.660	41743.310	14.362	9.432
2008	15255.420	10368.050	8.617	21.302	2018	63867.630	47834.760	14.593	8.124
2009	19175.060	13437.430	29.604	25.693	2019	69508.660	55659.000	16.357	8.832
2010	23148.830	15871.320	18.113	20.724	2020	76446.190	62866.680	12.950	9.981

数据来源：《河南省统计年鉴》（2002～2021 年）。

（二）证券业发展现状分析

国内外证券市场运行变化对河南省证券业发展产生较大影响，波动幅度较大。全省首次发行、再融资募集资金额度变化大，2001 年募集资金额度为 26.68 亿元，2004 年仅为 6.2 亿元，2005 年降低到 1.6 亿元，2006 年又上升到 37.5 亿元。全球金融危机过后，2010 年首次发行、再融资募集资金达到 751.1 亿元，2011 年出现大幅下降，募集资金额度下降近 500 亿元。近十年以来，证券市场募集资金规模波动较大，2020 年募集资金额度仅为 344.56 亿元，不到 2019 年募集资金额度的一半。

与证券市场募集资金规模变化类似，A 股上市公司流通股市价总值变化也较大。2001 年全省 A 股上市公司流通股市价总值为 378.68 亿元，2005 年仅为 200.06 亿元。受全球金融危机的影响，2008 年流通股市价总值较上一年同期下降 2658.67 亿元。2009 年以来，流通股市价总值一直在 2000 亿元以上，2015 年达到 6581.3 亿元，随后在波动中增加，2020 年达到 10880.67 亿元。

另外，股票总市值也能反映河南省证券市场波动性较大的问题。2001 年河南省股票总市值为 6.844 亿元，2005 年仅为 1.953 亿元，2007 年增长到 22.92 亿元，2008 年受全球金融危机的影响，全省股票总市值又下降到 4.167 亿元。随后六年，股票总市值在 10 亿元上下波动。2015 年股票总市值达到 17.747 亿元，2016 年又降低到 8.988 亿元，2017 年又上升到 16.302 亿元。2018 ~ 2020 年，全省股票总市值从 10.851 亿元上涨到 19.784 亿元（见表 7 – 2）。

表 7 – 2　2001 ~ 2020 年河南省证券业和保险业主要指标　单位：亿元

年份	首次发行、再融资募集资金	A 股上市公司流通股市价总值	股票总市值	保险公司保费收入	保险深度
2001	26.680	378.680	6.844	69.570	1.257
2002	20.500	262.000	4.341	126.220	2.091
2003	28.870	330.000	4.753	162.980	2.348
2004	6.200	277.000	3.293	202.050	2.402
2005	1.600	200.060	1.953	213.550	2.085
2006	37.500	460.200	3.842	252.310	2.106

续表

年份	首次发行、再融资募集资金	A股上市公司流通股市价总值	股票总市值	保险公司保费收入	保险深度
2007	21.200	3397.790	22.920	323.560	2.183
2008	48.100	739.120	4.167	518.920	2.926
2009	577.460	2503.000	13.049	565.390	2.948
2010	751.100	3296.880	14.553	793.280	3.502
2011	282.930	2520.820	9.578	839.820	3.191
2012	209.200	2460.690	8.496	841.130	2.904
2013	226.630	2992.470	9.460	916.520	2.897
2014	417.890	2278.900	6.591	1036.080	2.997
2015	377.350	6581.300	17.747	1248.760	3.367
2016	442.850	3617.800	8.988	1555.150	3.864
2017	521.780	7307.380	16.302	2020.070	4.507
2018	225.000	5418.560	10.851	2262.850	4.532
2019	776.000	7211.210	13.290	2430.840	4.480
2020	344.560	10880.670	19.784	2506.000	4.557

资料来源：《河南省统计年鉴》(2002~2021年)。

(三) 保险业发展现状分析

2001年以来，河南省保险业持续稳定发展，保费收入逐年增加。2001年保费收入仅为69.57亿元，随后上涨趋势明显，2010年达到793.28亿元，2014年保费收入首次超过1000亿元，2020年达到2506亿元。

河南省保险深度总体上呈上升趋势，但也存在一定的波动。2001年河南省保险深度仅为1.257，2004年达到2.402，2005年出现小幅下降，2006年又开始上涨，随后五年保险深度不断提高，2010年河南省保险深度首次超过3，高达到3.502。2011~2015年，全省保险深度在3上下波动，2016年增长到3.864。2020年河南省保险深度达到4.557（见表7-2），说明保费收入在河南省生产总值中所占的比重越来越大，保险业的发达程度不断提高。河南省保险深度与国内发达地区相比，仍存在一定差异，保险业发展潜力有待挖掘。

（四）其他领域发展现状分析

2016～2018年，河南省未贴现银行承兑汇票、企业债券、地方政府专项债券、信托贷款、委托贷款等方面的融资规模有一定变化，不同领域的发展差异较大。河南省未贴现银行承兑汇票融资额变化大，2016年未贴现银行承兑汇票融资额较上年减少143亿元，2017年增加74.48亿元，2018年又减少52亿元。河南省企业债券、信托贷款规模逐年增加，增加额存在一定波动。2017年，全省企业债券融资额仅增加81.93亿元，信托贷款融资额增加525.73亿元。2018年地方政府专项债券融资额较上年增加895.78亿元，2019年增加额为600亿元。委托贷款增加额则逐年减少，2018年同比下降445亿元（见表7－3）。

表7－3 2016～2018年河南省其他金融领域数据汇总 单位：亿元

年份	未贴现的银行承兑汇票	企业债券	地方政府专项债券	信托贷款	委托贷款
2016	－143.00	379.00	—	221.00	484.00
2017	74.48	81.93	895.78	525.73	177.40
2018	－52.00	480.00	600.00	162.00	－445.00

资料来源：《中国金融统计年鉴》（2017～2019年）。说明：“—”数字缺。

二、河南省面临的金融风险分析

河南省金融业发展过程中面临着各种金融风险，不良贷款余额、不良贷款率、信贷膨胀率、股票总市值占GDP比重、保险赔付率等主要金融风险相关指标均具有一定波动性，存在一定的区域金融风险隐患。

从不良贷款情况来看，2006年和2007年，河南省不良贷款余额分别为829.91亿元和878.4亿元，不良贷款率也高达15.99%和16.8%。2008～2013年，河南省不良贷款规模较为稳定，在100亿元上下小幅波动。2014年全省不良贷款规模增长到178.52亿元，2015年达到316.8亿元。2018年河南省不良贷款规模高达1051.7亿元。不良贷款率方面，2008～2018年的十余年中，河南省不良贷款率均低于3%，2008年为2.79%，随后先下降后上升，2018年不良贷款率又上升到2.9%（见图7-3）。

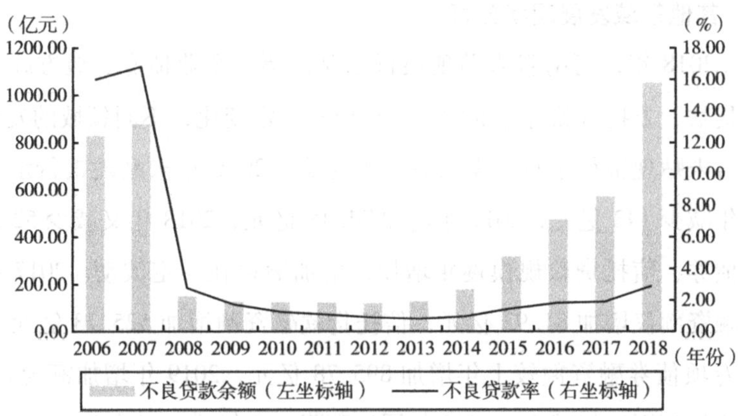

图7-3　2006~2020年河南省不良贷款余额与不良贷款率

数据来源：根据《中国金融统计年鉴》（2007~2019年）数据整理。

由河南省金融机构经营风险状况可知，2001~2020年银行信贷膨胀率变化大。2001年河南省信贷膨胀率为127.759%，2005年下降到22.15%，2006年又上升到89.991%。2009年全省信贷膨胀率高达363.345%，之后六年信贷膨胀率在波动中上升。2017年以来，河南省信贷膨胀速度不断加快，2020年信贷膨胀率高达952.256%（见图7-4）。

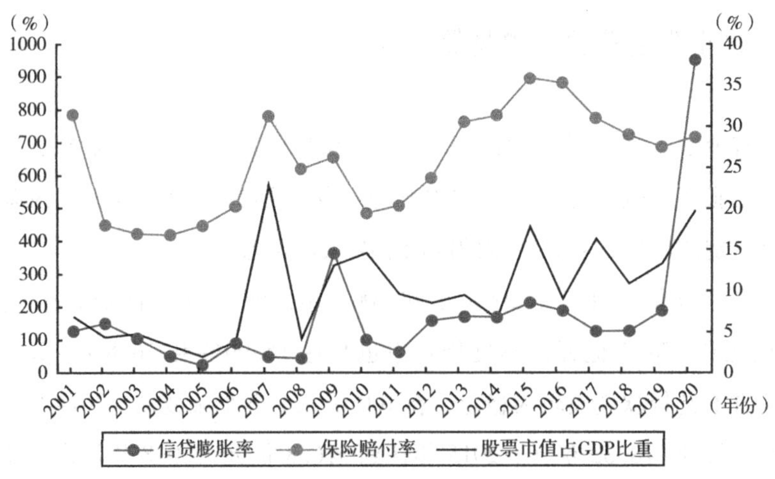

图7-4　2001~2020年河南省金融机构经营风险状况

数据来源：根据《河南省统计年鉴》和《河南省统计公报》数据整理而成。

2001～2020年，河南省股票市值占GDP比重波动大，总体呈现波动上升趋势，证券业风险隐患较高。2001～2005年，股票市值占GDP比重较小，在波动中下降。2007年股票市值占GDP比重较上年同期大幅上涨，达到22.92%。2008年该指标又大幅下降至4.167%。2009年开始，河南省股票市值占GDP比重波动较大，上升趋势也较为明显（见图7-4）。

与股票总市值占GDP比重类似，河南省保险赔付率也存在较大变动，但变化幅度相对较小。近二十年来，河南省保险赔付率在30%上下不断变化。2001年全省保险赔付率为31.407%，2002年下降至17.969%，随后四年维持在18%上下，2007年上涨到31.178%。2008年又开始下降，2010年下降至19.402%。随后稳步上涨，2015年达到35.852%。2016年开始，河南省保险赔付率又出现下降，2020年该指标为28.735%（见图7-4）。

三、河南省金融风险防控现状分析

（一）强化各方协同联动，形成防控合力

河南省通过强化各方协同联动，打造良好金融生态，发挥中国人民银行评级运用机制作用，压实各方风险处置责任，加大中小金融机构风险化解力度，及时推动高风险机构退出，健全完善风险处置的长效机制。加强数据共享、信息交流、形势研判、政策协调，畅通机制、明确职责、分工配合。建立风险专员制度，构建“纵向到底、横向到边”的条线化预警网络，确保风险早发现、早预警、早处置。

（二）提升金融风险抵御、治理和化解能力

在防控金融风险方面，河南省着力于统筹发展和安全，加快发展壮大金融业，形成多层次、广覆盖、有差异的金融体系，提升风险抵御能力。深化金融改革，提升风险治理能力。服务实体经济，提升风险化解能力。坚持严守不发生区域性、系统性风险的底线，增强系统观念，稳妥推进金融风险防范化解。

第二节
河南省金融风险度量与预警

根据区域金融风险理论分析和区域金融风险指标体系、赋权方法和预警模型，结合河南省金融经济发展状况，构建河南省金融风险指标体系，度量、预警河南省金融风险。

一、河南省金融风险度量分析

（一）河南省金融风险指标选择

在区域经济四部门关联网络和河南省金融发展、金融风险、风险防控现状分析的基础上，选取经济环境、实体企业、地方政府、金融体系（家庭部门影响主要在金融体系关联指标中体现）等方面的关联指标，构建河南省金融风险指标体系（见表7－4）。

根据河南省经济金融信息披露的状况，采用经济压力指数、M2 增长率、居民消费价格指数反映经济环境风险水平。河南省经济压力指数综合评估河南省消费、出口、投资等发展所产生的压力，具体通过熵值法对河南省 GDP 增长率、出口增长率、居民消费价格指数、固定资产投资额变化率进行加权计算得出。实体企业关联指标选取企业利润变化率（以河南省规模以上工业企业利润变化率为代表）、企业资产负债率（以河南省规模以上工业企业资产负债率为代表）、商品房销售增长率，反映实体企业风险水平。采用财政缺口、财政收入增长率（以河南省一般公共预算收入增长率为代表）、财政支出增长率（以河南省一般公共预算支出增长率为代表）反映地方政府风险水平。金融体系关联指标度量金融体系内部风险水平，选取代表性的信贷膨胀率、股票总市值和保险赔付率分别反映河南省银行业、证券业和保险业风险水平。

表 7-4 河南省金融风险指标体系及指标权重

指标类别	总权重	具体指标	指标权重
经济环境关联指标	12.500%	经济压力指数	6.990%
		M2 增长率	2.991%
		居民消费价格指数	2.519%
实体企业关联指标	25.000%	企业利润变化率	13.979%
		企业资产负债率	5.982%
		商品房销售增长率	5.039%
地方政府关联指标	12.500%	财政缺口	6.990%
		财政收入增长率	2.991%
		财政支出增长率	2.519%
金融体系关联指标	50.000%	信贷膨胀率	27.958%
		股票总市值	11.965%
		保险赔付率	10.077%

（二）河南省金融风险水平度量与评价

1. 指标权重确定方法

河南省金融风险指标权重设定方面，采用层次分析法确定经济环境、实体企业、地方政府、金融体系关联指标权重，细分指标权重则采用层次分析法和熵值法权重加权平均值。

2. 金融风险水平度量

根据层次分析法专家学者打分情况，构建指标判断矩阵。随机一致性比率（CR）小于1，满足随机一致性要求，说明指标权重设定较为合理。因此，经济环境、实体企业、地方政府、金融体系关联指标权重分别设定为12.5%、25%、12.5%和50%（见表7-4）。

在经济环境关联指标中，经济压力指数、M2 增长率、居民消费价格指数指标权重分别为6.99%、2.991%、2.519%。在实体企业关联指标中，企业利润变化率、企业资产负债率、商品房销售增长率权重分别为13.979%、5.982%、5.039%。在地方政府关联指标中，财政缺口、财政收入增长率、财政支出增长率权重分别为6.99%、2.991%、2.519%。在金融体系关联指标中，信贷膨胀率、股票总市值、保险赔付率权重分别为27.958%、11.965%、10.077%（见表7－4）。

在河南省金融风险度量指标体系的基础上，根据关联指标和细分指标赋予的权重，加权计算得出2001～2020年河南省金融风险水平及经济环境、实体企业、地方政府、金融体系风险水平（见表7－5）。

表7－5　　2001～2020年河南省金融风险水平综合评分

年份	经济环境	实体企业	地方政府	金融体系	总风险
2001	0.220	0.415	0.288	0.274	0.304
2002	0.207	0.608	0.162	0.117	0.257
2003	0.545	0.665	0.260	0.083	0.308
2004	0.798	0.747	0.559	0.032	0.372
2005	0.629	0.849	0.639	0.012	0.377
2006	0.497	0.851	0.732	0.099	0.416
2007	0.799	0.838	0.718	0.407	0.603
2008	0.820	0.342	0.497	0.123	0.312
2009	0.282	0.454	0.417	0.432	0.417
2010	0.610	0.542	0.621	0.219	0.399
2011	0.783	0.450	0.687	0.150	0.372
2012	0.436	0.215	0.647	0.231	0.304
2013	0.375	0.320	0.699	0.321	0.375
2014	0.245	0.235	0.658	0.295	0.319
2015	0.206	0.188	0.666	0.496	0.404
2016	0.201	0.290	0.580	0.376	0.358
2017	0.168	0.241	0.627	0.377	0.348
2018	0.196	0.155	0.634	0.294	0.289
2019	0.199	0.237	0.552	0.343	0.325
2020	0.114	0.237	0.496	0.889	0.580

3. 金融风险水平评价

2001～2007年，河南省金融风险水平总体上呈上升趋势，需要及时进行金融风险防控。受全球金融危机影响，2007年风险水平高达0.603。2008～2020年，金融风险水平在0.35上下波动。受新冠肺炎疫情等重大风险事件冲击，

2020 年风险水平上升至 0.58。

2001～2011 年，经济环境风险波动较大，2004 年、2008 年和 2011 年分别达到 0.798、0.82、0.783 的较高水平。2012 年以来，经济环境风险呈逐渐下降趋势，2020 年仅为 0.114。2001～2007 年，实体企业风险水平快速上升，2006 年达到 0.851，2007 年仍保持在 0.838。2008 年以来，风险水平在波动中下降，2020 年维持在 0.237 的低位水平。

地方政府风险水平在 2006 年达到最高值 0.732，随后逐渐下降，2009 降低到 0.417。2010～2020 年，风险水平围绕 0.6 的较高水平波动。金融体系风险波动性也较大，2009 年风险水平高达 0.432，2010 年降低到 0.219，随后金融体系风险水平呈现上升趋势，2020 年达到 0.889，是 20 年以来的最高水平（见表 7－5）。

（三）实体经济风险与金融体系风险关系研究

从区域金融风险生成机制分析可知，实体经济风险与金融体系风险之间有较强的相关关系，实体经济风险主要通过金融契约传递到金融机构，加速金融体系内部风险累积，加剧区域金融风险。为检验河南省实体经济风险与金融风险之间的关系，采用耦合协调模型，计算两类风险的发展度和耦合度，分析其耦合协调关系。

1. 主要指标数据选取

根据耦合协调模型设定两个系统的要求，采用河南省实体企业风险指标代表实体经济风险，选用河南省金融体系风险指标代表金融体系风险。

2. 协调耦合模型结果

设定协调耦合模型的调节系数 k＝2，得出实体经济风险与金融体系风险之间的协调度（C）、发展度（T）和协调耦合度（D）。由模型结果可知，河南省实体经济风险与金融体系风险协调度波动较大，发展度相对稳定（见表 7－6）。

2007 年以来，河南省实体经济风险与金融体系风险的协调度一直高于发展度，协调耦合度在 0.5 上下波动，说明两种风险的协调耦合状态为中度协调，处于协调耦合的中等水平阶段。也就是说，实体经济风险与金融体系风险之间有一定的关联关系，但关联关系并不明显，实体经济风险向金融体系的传递较为隐蔽，需要更加关注实体经济风险与金融体系风险的关联性（见表7-6）。

表7-6　河南省实体经济风险与金融体系风险耦合协调模型结果

年份	协调度	发展度	协调耦合度	年份	协调度	发展度	协调耦合度
2001	0.918	0.344	0.562	2011	0.563	0.300	0.411
2002	0.294	0.363	0.327	2012	0.997	0.223	0.471
2003	0.155	0.374	0.241	2013	1.000	0.320	0.566
2004	0.024	0.389	0.097	2014	0.975	0.265	0.508
2005	0.003	0.430	0.036	2015	0.635	0.342	0.466
2006	0.139	0.475	0.257	2016	0.967	0.333	0.567
2007	0.775	0.622	0.695	2017	0.906	0.309	0.529
2008	0.607	0.233	0.376	2018	0.817	0.224	0.428
2009	0.999	0.443	0.665	2019	0.934	0.290	0.520
2010	0.671	0.381	0.505	2020	0.442	0.563	0.499

二、河南省金融风险预警

（一）金融风险预警等级确定

在河南省金融风险指标体系的基础上，选取信号灯风险预警模型，通过在不同安全状态区间内亮灯的方法进行风险预警。将河南省金融风险水平划分为危险、警惕、基本安全、安全四类状态，分别以红灯、黄灯、蓝灯和绿灯进行风险指示。红灯亮起则说明风险水平很高，处于危险状态，要及时采取风险管控措施。黄灯亮起说明风险水平高，需要警惕。

表7-7　河南省金融风险状态分值表及指标安全警限标准

指标类别	具体指标及得分	风险等级			
		危险 (0, 30]	警惕 (30, 50]	基本安全 (50, 80]	安全 (80, 100]
经济环境关联指标	经济压力指数	≥0.7	[0.5, 0.7)	[0.2, 0.5)	<0.2
	M2 增长率	≤5%	(5%, 7%]	(7%, 10%]	>10%
	居民消费价格指数	≥110%	[105%, 110%)	[101%, 105%)	<101%

续表

指标类别	具体指标及得分	风险等级			
		危险 (0，30]	警惕 (30，50]	基本安全 (50，80]	安全 (80，100]
实体企业关联指标	企业利润变化率	≤0%	(0，2%]	(2%，3%]	>3%
	企业资产负债率	≥70%	[60%，70%)	[50%，60%)	<50%
	商品房销售增长率	≥40%	[25%，40%)	[10%，25%)	<10%
地方政府关联指标	财政缺口	≥0.5	[0.2，0.5)	[0.1，0.2)	<0.1
	财政收入增长率	≤7%	(7%，10%]	(10%，15%]	>15%
	财政支出增长率	≤7%	(7%，10%]	(10%，15%]	>15%
金融体系关联指标	信贷膨胀率	≥200%	[150%，200%)	[100%，150%)	<100%
	股票总市值	≥20%	[15%，20%)	[10%，15%)	<10%
	保险赔付率	≥80%	[70%，80%)	[60%，70%)	<60%

在风险状态分数设定方面，危险状态分数在0～30分之间（包括30分），警惕状态分数在30～50分（包括50分）之间，基本安全状态分数在50～80分（包括80分）之间，安全状态分数在80～100分（包括100分）之间。为反映不同关联指标的安全警限标准，结合河南省金融风险度量指标的意义，为细分指标确定不同风险状态的具体指标范围（见表7－7）。

（二）河南省金融风险预警过程解释

根据河南省金融风险预警模型体系的设定，对2001～2020年经济环境、实体企业、地方政府和金融机构等细分领域的风险指标进行打分，通过加权计算得到河南省金融风险预警得分，然后进行信号灯风险预警。风险预警指标打分方法采用阈值法。

（三）河南省金融风险预警结果分析

河南省金融风险预警得分变化较大，2003～2006年金融风险一直处于安全状态，亮着绿灯。受全球金融危机影响，2007年风险水平较高，安全评分大幅下降，信号灯由上一年的绿灯转为蓝灯，但仍然处于基本安全状态。

2008年以来，河南省金融风险预警得分波动较大，仅2008年、2011年、

2014年的评分高于80分，处于安全状态，亮绿灯。近五年来，河南省金融风险预警得分有下降趋势。受新冠肺炎疫情重大风险事件的影响，2020年金融风险预警得分仅为43.241，降到警惕等级，触及安全警限，亮起黄灯，需要及时有效地管控区域性风险，防范系统性风险的生成。

受经济环境变化的影响，经济环境风险预警得分波动较大，2007年、2008年得分分别仅为46.146、42.927，处于警惕状态，亮起黄灯。2012年以来，河南省金融发展面临的宏观环境较为稳定，风险水平一直较低，预警得分相对较高，2018年受经济下行压力加大的影响，宏观环境变化较大，风险水平提升，预警得分降低到75.736，处于基本安全状态，由绿灯转为蓝灯，需要关注相关风险。

2001~2008年，河南省实体企业风险预警得分上升趋势明显，2001~2002年实体企业风险水平高，处于警惕状态，亮起黄灯。2003~2008年，风险预警得分从51.771上升到86.987，从基本安全状态转为安全状态，信号灯由蓝色转为绿色。2009年以来，实体企业风险水平波动较大，风险预警得分变化也较大，2019年、2020年实体企业风险较高，风险预警得分分别仅为49.885、49.654，进入警惕状态，信号灯也转变为黄色，说明实体企业需要及时进行风险管控。

2001~2003年地方政府风险水平较低，风险预警得分较为稳定。2004~2013年，风险水平很低，得分为满分，一直处于安全状态，亮着绿灯。2014年以来，地方政府风险预警得分波动较大，2020年得分仅为38.808，亮起黄灯，需要警惕相关风险。

2001~2006年，河南省金融体系风险水平较低，一直处于安全状态，亮着绿灯。受全球金融危机影响，2007年金融体系风险预警得分降到66.784，由安全状态转为基本安全状态，信号灯也由绿灯转为蓝灯。2008年以来，金融体系风险波动性较大，预警得分变化较大，2015年“股灾”的发生使河南省金融体系风险水平大幅提高，预警得分仅为35.460，处于警惕状态，亮起黄灯。2018年以来，受经济下行压力加大、新冠肺炎疫情暴发等重大事件的影响，金融体系风险逐渐增大，风险预警得分逐渐降低，2020年风险预警得分仅为28.693，处于危险状态，亮起红灯，亟须管控金融体系风险，防范化解区域性和系统性风险（见表7-8）。

表7-8　　2001~2020年河南省金融风险预警得分

年份	经济环境	实体企业	地方政府	金融体系	总风险
2001	94.180	38.626	78.855	89.227	75.899
2002	93.329	48.970	63.328	80.393	72.021
2003	72.531	51.771	80.071	98.393	81.214
2004	45.805	53.799	100.000	100.000	81.675
2005	64.167	52.798	100.000	100.000	83.720
2006	73.182	54.989	100.000	100.000	85.395
2007	46.146	59.063	100.000	66.784	66.426
2008	42.927	86.987	100.000	100.000	89.613
2009	96.348	61.309	76.646	51.063	62.483
2010	64.322	63.339	100.000	84.876	78.813
2011	47.400	72.634	100.000	100.000	86.583
2012	74.417	58.830	100.000	77.104	75.062
2013	77.394	77.211	100.000	72.269	77.612
2014	86.050	98.209	82.346	72.849	82.026
2015	91.672	56.830	63.238	35.460	51.301
2016	89.380	72.024	38.808	65.490	66.775
2017	85.348	64.947	57.084	68.848	68.465
2018	75.736	50.228	82.505	86.314	75.494
2019	78.696	49.885	51.993	54.560	56.087
2020	93.042	49.654	38.808	28.693	43.241

第三节

金融豫军风险度量与预警

为了促进河南实体经济发展，充分发挥地方金融服务实体经济的功能，2013年河南省政府相关部门陆续出台相关政策，组建金融豫军，重构河南金融版图。中原银行、中原资产管理公司、中原农业保险公司等地方法人金融机构相继成立，金融豫军逐步填补河南金融领域的空白，开展专业性“深耕细做”，有效地促进了河南实体经济发展。

受国内外新冠肺炎疫情、区域经济转型发展矛盾突出等因素的影响，金融豫军发展所面临的风险隐患不断变化，需要深入研究金融豫军风险状况、风险防范化解等相关问题。

一、金融豫军发展历程与现状分析

“金融豫军”的建设始于2014年，河南省“十三五”规划中明确提出了“加快‘金融豫军’全面崛起，促进河南经济增长”的基本要求。经历了组建成立、发展壮大和全面崛起等多阶段的发展，金融豫军规模不断壮大，结构日趋完善，在支持河南省经济社会发展方面发挥着越来越重要的作用。

（一）金融豫军发展历程概述

1. 组建成立阶段

2013年，河南省组建金融豫军相关政策出台以来，中原银行、中原农业保险公司（简称中原农险）、中原资产管理公司、中原航空港产业投资基金、洛银金融租赁公司等地方法人金融机构陆续成立，中原股权交易中心挂牌交易，逐步填补了河南金融领域的空白，并与郑州银行、洛阳银行、中原证券、百瑞信托等一起组建成为“金融豫军”。

金融豫军凭借着在银行、证券、保险、信托等金融细分领域的专业性“深耕细做”，为河南省经济社会发展提供了全方位的金融支持，有效地促进了实体经济增长和社会全面发展。

2. 发展壮大阶段

2016年，九鼎金融租赁公司成立，河南农业融资租赁公司开业，金融豫军的成员不断增加，队伍逐渐壮大，进一步扩大了金融服务地方经济社会发展的覆盖面。

金融豫军的成员在各自的细分领域不断发展，稳步经营，借助根植地方的自身优势，适时推出适合区域经济社会发展的金融产品和服务，更好地服务地方经济社会。

3. 全面崛起阶段

2017年，中原银行在香港上市，实现了与中原证券、郑州银行在港交所会师。

2018 年郑州银行在 A 股上市，成为河南省首家 A 股上市银行、全国首家 A + H 股上市城商行。

作为金融豫军核心成员的中原证券、郑州银行、中原银行，是金融豫军“三驾马车”，三家银行上市，实现了自身发展的新突破，也展开了金融豫军发展的新篇章，实现了金融豫军的强势崛起。但是，金融豫军在发展过程中存在内部结构不够合理、发展不均衡、风险隐患多等问题，也面临着国内外复杂多变的经济环境，需要考虑如何在管控风险的基础上做大做强。

（二）金融豫军发展现状分析

截至 2020 年，金融豫军主要有“五大军团”。第一大军团是在业界具有较强影响力的中原系军团，主要有中原银行、中原证券、中原信托等。第二大军团是城商行军团，有郑州银行、洛阳银行、平顶山银行、焦作中旅银行等城市商业银行。第三大军团是涉农系军团，银行领域主要有各地的农商行、村镇银行等，保险领域主要是中原农险。第四大军团是期货军团，包括郑州商品交易所以及相关的期货公司。第五大军团是新金融军团，九鼎金融租赁、洛银金融租赁、中原消费金融公司等是其中的主要力量。

1. 主要金融豫军发展概况

根据金融豫军信息披露情况，选取金融豫军存贷款数据，以及洛阳银行、郑州银行、中原银行、中原证券、中原农险、中原信托和百瑞信托等金融机构数据，分析业务发展状况、盈利情况和风险水平。

（1）银行业发展状况。

区域中小银行（城商行、农商行等）、农村信用合作社（简称农信社）等银行类金融机构是金融豫军的核心，为区域发展提供信贷等金融服务，支持河南经济社会发展。

从主营业务发展状况来看，2000～2019 年，金融豫军存款总额稳步提升，2019 年达到 26183.63 亿元，存款占比（金融豫军存款总额占区域存款总额的比重）不断增加。贷款总额业逐年增加，2019 年达到 17194.04 亿元，贷款占比（金融豫军贷款总额占区域贷款总额的比重）不断提高（见图 7－5）。

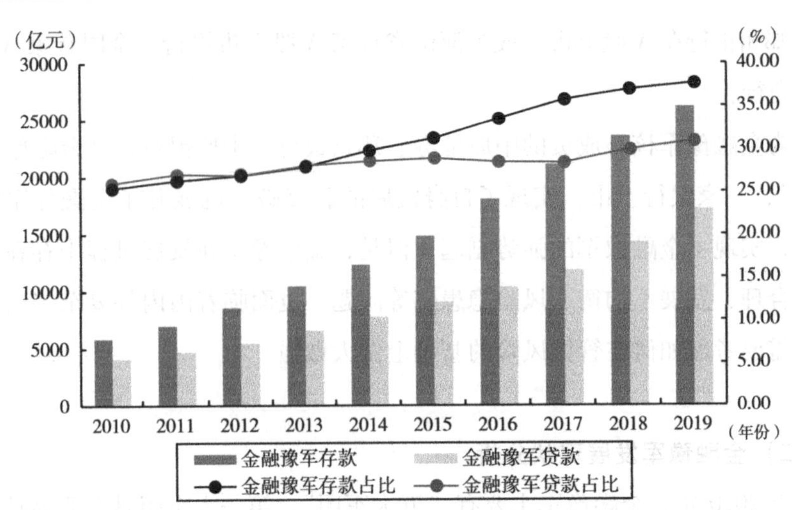

图 7－5　2010～2019 年金融豫军存贷款总额与占比

资料来源：《河南省统计年鉴》（2011～2020 年）。

在金融豫军队伍中，城商行、农商行等区域性中小型银行存款总额逐年稳步增长，存款占区域存款总额比重不断上升，2019 年存款总额达到 22895.53 亿元，占比达到 32.94%。由于农信社逐步改制为农商行，自 2015 年开始存款总额和存款占区域存款比重不断下降，2019 年存款为 3288.1 亿元，占比为 4.73%（见图 7－6）。

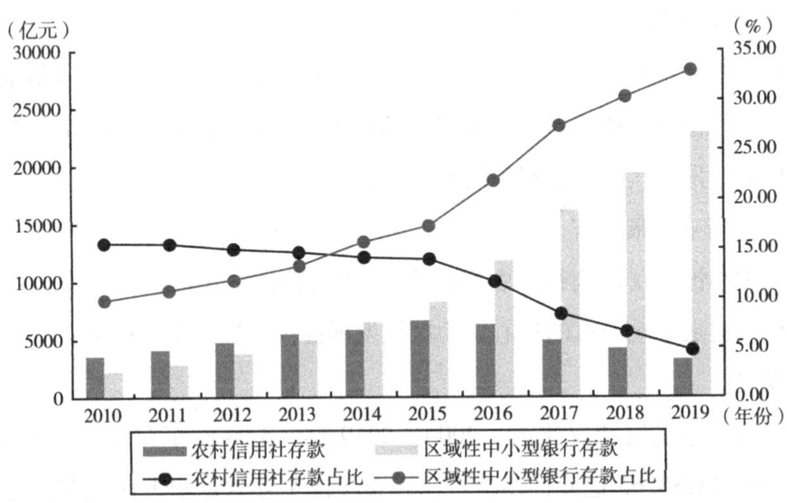

图 7－6　2010～2019 年河南省农信社、区域性中小银行存款总额与占比

资料来源：《河南省统计年鉴》（2011～2020 年）。

与存款类似，2010年以来，区域性中小型银行贷款规模不断扩大，2019年达到15240.09亿元，贷款占比为27.38%，是河南经济发展的重要信贷支持力量。农信社贷款规模较小，2019年贷款降低到1953.95亿元，占比仅为3.51%（见图7-7）。

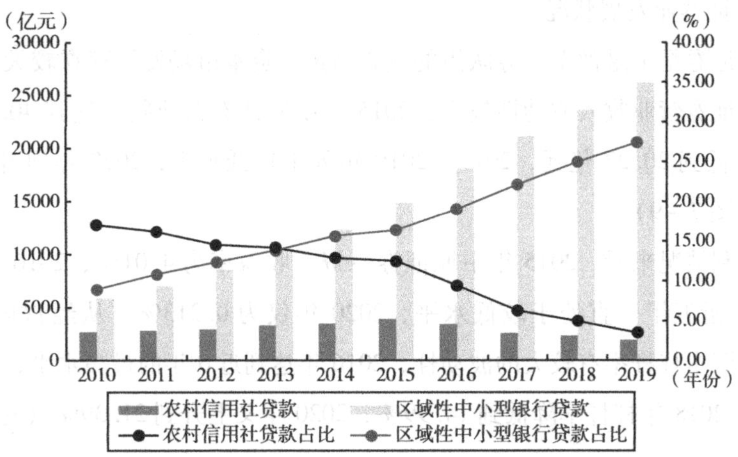

图7-7 2010~2019年农信社、区域性中小银行贷款总额与占比

资料来源：河南省统计年鉴（2011~2020年）。

2015~2020年，洛阳银行、郑州银行和中原银行等主要商业银行总资产收益率呈现下降趋势。2020年洛阳银行、郑州银行和中原银行总资产收益率分别为0.71%、0.73%、0.46%，盈利能力有待提高（见图7-8）。

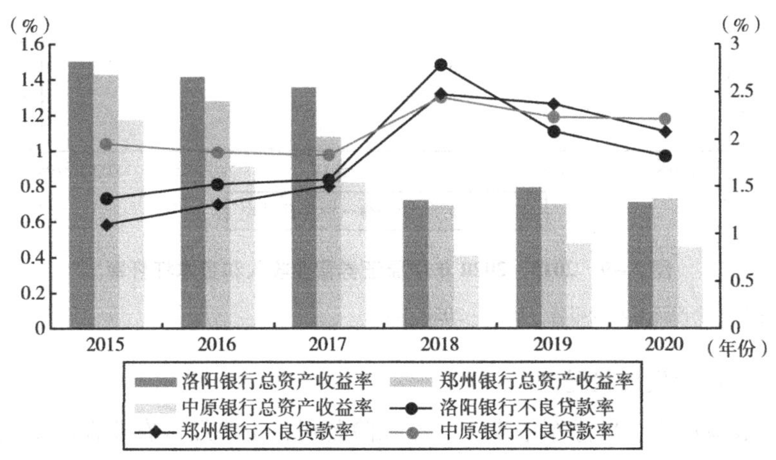

图7-8 2015~2020年主要城商行总资产收益率和不良贷款率

资料来源：洛阳银行、郑州银行、中原银行年度报告（2018~2020年）。

2018 年洛阳银行、郑州银行和中原银行三家城商行不良贷款率最高，2020 年不良贷款率分别为 1.82%、2.08%、2.21%，较前两年有所下降，但仍需要管控经营风险（见图 7－8）。

（2）证券业发展状况。

中原证券是金融豫军证券队伍的核心力量。资本市场发展存在较大的不稳定性，中原证券营业收入波动性较大，2015 年中原证券营业收入达到 40.04 亿元，2016 年降低到 20.27 亿元，2017～2019 年处于较低水平，2020 年回升到 31.03 亿元（见图 7－9）。

从盈利情况来看，2015 年中原证券总资产收益率为 4.01%，2016 年降低到 1.821%，近五年一直处于较低水平，2020 年仅为 0.213%。从经营风险来看，中原证券资本杠杆率有较大的波动性，2016 年达到近 6 年的最高水平，杠杆率为 29.26%，2018 年杠杆率降低到 14.99%，2020 年又上升到 21.39%（见图 7－9、图 7－10）。

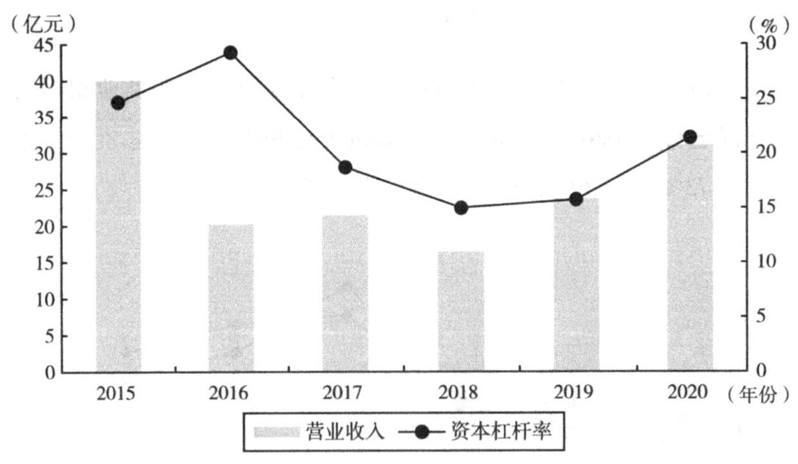

图 7－9　2015～2020 年中原证券营业收入和资本杠杆率

资料来源：中原证券年度报告（2015～2020 年）。

（3）保险业发展状况。

中原农险作为金融豫军中唯一一家保险公司，主要经营农业保险等财产保险业务。2015 年开业之初，保险业务收入仅为 0.75 亿元，之后逐年增长，2020 年达到 25.3 亿元（见图 7－11）。

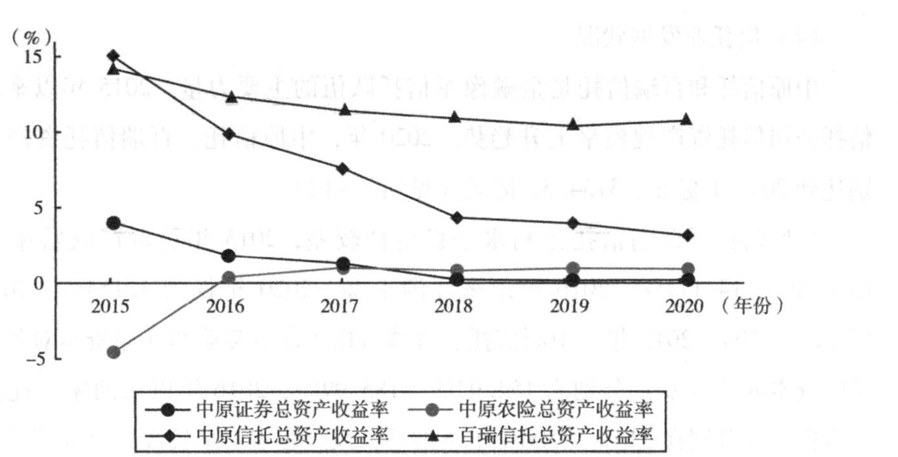

图7-10　2015~2020年中原证券、中原农险、中原信托、百瑞信托总资产收益率

资料来源：中原证券、中原农险、中原信托、百瑞信托年度报告（2015~2020年）。

2015年，中原农险总资产收益率为-4.57%，公司没有盈利。2016年总资产收益率上升到0.39%，之后一直在1%上下波动，2020年为0.93%（见图7-10）。中原农险偿付能力一直较为充足，偿付风险可控。2015年，综合偿付能力充足率为1150.68%，之后一直保持在300%以上的水平，2020年达到397.43%（见图7-11）。

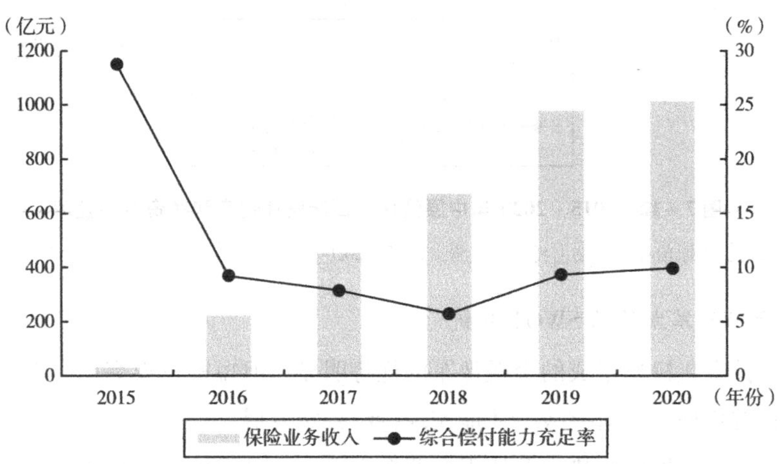

图7-11　2015~2020年中原农险保险业务收入与综合偿付能力充足率

资料来源：中原农险年度报告（2015~2020年）。

（4）信托业发展状况。

中原信托和百瑞信托是金融豫军信托队伍的主要力量。2015 年以来，两家信托公司信托资产规模呈上升趋势。2020 年，中原信托、百瑞信托资产规模分别达到 2049. 1 亿元、3134. 32 亿元（见图 7 – 12）。

中原信托、百瑞信托盈利水平稳定性较差，2015 年总资产收益率分别为 15. 026%、14. 177%，2016 年以来逐渐下降，2020 年仅为 3. 154%、10. 732%（见图 7 – 10）。2015 年，中原信托、百瑞信托净资本覆盖率（净资本对各项业务风险资本的覆盖率）分别为 154. 92%、185. 99%，2016 年以来两家信托公司净资本覆盖率分别在 230%、180% 上下波动，风险覆盖水平较高，风险管控能力较强（见图 7 – 12）。

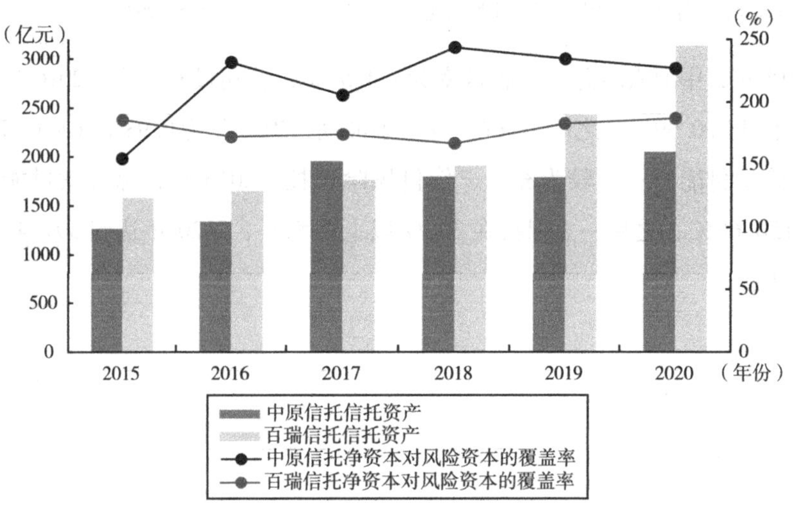

图 7 – 12　2015 ~ 2020 年中原信托、百瑞信托资产和净资本覆盖率

资料来源：中原信托、百瑞信托年度报告（2015 ~ 2020 年）。

2. 金融豫军发展的 SWOT 分析

地方性金融机构组成的金融豫军的优势明显，但短板也很突出。对金融豫军来说，把握机遇、应对挑战，才能实现持续稳定发展。

金融豫军发展的优势主要体现在两个方面：一是根植本地特色明显。与在河南省开展业务的全国性大中型金融机构相比，金融豫军的基层网点更多，业务涉及地域范围更广，更加熟悉本地客户。二是业务覆盖领域全面。金融豫军的队伍中，既有银行、证券、保险、信托等传统金融机构，也有金融租赁公司、消费金融公司等新兴金融机构，金融产品和服务覆盖金融的主要领域。

金融豫军发展的短板也较为突出。一是公司治理机制不健全。金融豫军主要是中小金融机构，普遍存在着股权集中度过高、治理结构不完善、委托代理关系不规范等问题，不完善的公司治理机制制约着公司的业务发展和风险管控。二是差异化竞争力不强。在激烈的市场竞争中，金融豫军存在业务同质化等问题，本土优势发挥受到限制，仍未积极开展差异化经营。三是金融科技应用较少。相比于全国性大中金融机构，金融豫军在大数据、人工智能等方面的投入相对较少，金融科技的应用需要加强。

金融豫军发展机遇较多。国际国内双循环发展为金融豫军支持实体经济发展提供了空间，区域经济发展需要多元化金融支持，黄河流域高质量发展、中原经济区建设发展以及河南自贸区建设发展等都需要金融资源的支持，金融豫军要抓住区域经济发展的机遇，继续深入发挥根植本土的优势，服务地方经济社会发展。

金融豫军面临较大外部挑战。新冠肺炎疫情、暴雨洪涝等重大风险事件发生的冲击对金融豫军的发展造成了重大影响，金融豫军需要积极自救，应对风险挑战，提升自身风险管理水平，也需要为企业和居民提供更加便利的金融服务，更好地支持生产生活的恢复与发展。

（三）金融豫军发展水平研究

金融豫军发展水平受各类金融机构经营发展状况的影响，需要选取合适的指标体系进行综合评估。主要选取典型的金融豫军成员及其经营相关指标，通过权重设定方法为各项指标赋权，并最终计算评价金融豫军发展水平。

1. 金融豫军发展水平指标选择

在构建金融豫军发展水平指标体系的过程中，选取典型的商业银行、证券公司、保险公司和信托公司代表金融豫军。根据金融豫军信息披露的情况，银行业主要选取洛阳银行、郑州银行和中原银行等城商行，证券业和保险业选取中原证券和中原农险，信托业选取百瑞信托和中原信托。

为综合度量金融豫军发展水平，选取相对规模、内部结构、经营效率和盈利能力等相关指标。金融相关率（贷款总额占 GDP 比重）、证券公司营业收入占比（证券公司营业收入占 GDP 比重）、保险业务收入占比（保险业务收入占 GDP 比重）和信托资产占比（信托资产总额占 GDP 比重）分别代表银行业、证券业、保险业和信托业相对规模。

采用城商行、证券公司、保险公司和信托业公司总资产占比（即各行业总资产与金融豫军总资产的比重）反映各行业内部结构。银行业、证券业、保险业和信托业经营效率分别选用城商行存贷比（贷款总额/存款总额）、证券公司收支比（证券公司营业支出/营业收入）、保险公司赔付率（保险公司赔付支出/保费收入）和信托公司收支比（信托公司营业支出/营业收入）来反映。城商行、证券公司、保险公司和信托业公司总资产收益率（ROA）则反映金融豫军盈利能力（见表 7－9）。

2. 金融豫军发展水平评价体系构建

评估金融豫军发展水平需要将各个细分指标按权重进行加总。金融豫军发展以及金融豫军风险度量指标的权重设定均选取熵值法和层次分析法相结合的方法。首先根据熵值法对各个指标的原始数据进行标准化处理，然后根据标准化数据矩阵计算各个指标的熵值权重，最终得到大类指标权重。细分指标权重则根据专家学者打分情况构建判断矩阵计算得出，根据判断矩阵随机一致性比率（CR）是否小于 1，判断矩阵是否满足随机一致性要求，进而分析指标权重设定是否合理。

表 7－9　　金融豫军发展水平指标体系及权重

指标类别及总权重	行业	指标及计算方法	指标权重	单位	属性
相对规模 45.222%	银行业	金融相关率	23.784%	%	正
	证券业	证券公司营业收入占比	11.892%	%	正
	保险业	保险业务收入占比	4.690%	%	正
	信托业	信托资产占比	4.857%	%	正
内部结构 41.077%	银行业	城商行总资产占比	21.603%	%	正
	证券业	证券公司总资产占比	10.802%	%	正
	保险业	保险公司总资产占比	4.260%	%	正
	信托业	信托公司总资产占比	4.412%	%	正

续表

指标类别及总权重	行业	指标及计算方法	指标权重	单位	属性
经营效率 11.743%	银行业	城商行银行存贷比	6.176%	%	正
	证券业	证券公司收支比	3.088%	%	正
	保险业	保险公司赔付率	1.218%	%	正
	信托业	信托公司收支比	1.261%	%	正
盈利能力 1.958%	银行业	城商行总资产收益率	1.030%	%	正
	证券业	证券公司总资产收益率	0.515%	%	正
	保险业	保险公司总资产收益率	0.203%	%	正
	信托业	信托公司总资产收益率	0.210%	%	正

由计算可知，金融豫军相对规模、内部结构、经营效率和盈利能力的权重分别为45.222%、41.077%、11.743%、1.958%（见表7-9）。根据专家学者打分情况构建的细分指标判断矩阵随机一致性比率（CR）小于1，满足随机一致性要求，细分指标权重设定较为合理。

3. 金融豫军发展水平度量与评价

在金融豫军发展水平评价体系的基础上，通过加权计算2015~2020年金融豫军及各细分行业发展水平综合得分。由表7-10可知，金融豫军发展水平逐年稳步提升，银行业发展水平最高，高于金融豫军总体发展水平，表明洛阳银行、郑州银行和中原银行等主要城商行的发展水平稳步提升，也说明城商行在金融豫军队伍中的核心作用。2016年以来，保险业发展水平也呈现稳步上升的趋势，证券业和信托业发展水平基本稳定。

表7-10　　2015~2020年金融豫军发展水平综合得分

年份	银行业	证券业	保险业	信托业	金融豫军
2015	0.745	0.072	0.117	0.028	0.426
2016	0.764	0.054	0.060	0.022	0.425
2017	0.771	0.061	0.061	0.024	0.430
2018	0.821	0.072	0.060	0.021	0.459
2019	0.849	0.073	0.061	0.019	0.474
2020	0.912	0.076	0.060	0.024	0.508

二、金融豫军风险度量

（一）金融豫军风险指标体系构建

金融豫军风险主要表现在金融机构业务经营过程中，因此采用典型商业银行、证券公司、保险公司和信托公司风险相关指标，构建金融豫军风险指标体系。

根据金融豫军信息披露状况，选取洛阳银行、郑州银行和中原银行资本充足率、拨备覆盖率和不良贷款率反映银行业风险水平，指标以单一银行年末总资产占三家银行总资产比为权重计算得出。证券业风险指标采用中原证券资本杠杆率、风险覆盖率和净稳定资金率，保险业风险指标则选取中原农险综合偿付能力充足率、市场风险资产占比（市场风险资产占投资净资产的比重）和保险业务收入变化率。采用百瑞信托和中原信托净资本占比（净资本占净资产比率）、净资本覆盖率和信托资产变化率反映信托业风险水平，最终指标以资产占比为权重进行计算得出（见表7-11）。

表7-11　金融豫军风险指标体系

行业	具体指标	单位
银行业	资本充足率	%
	拨备覆盖率	%
	不良贷款率	%
证券业	资本杠杆率	%
	风险覆盖率	%
	净稳定资金率	%
保险业	综合偿付能力充足率	%
	市场风险资产占比	%
	保险业务收入变化率	%
信托业	净资本占比	%
	净资本覆盖率	%
	信托资产变化率	%

（二）金融豫军风险指标权重确定

通过层次分析法和熵值法结合，设定金融豫军中典型的商业银行、证券公司、保险公司和信托公司风险指标权重。根据熵值法计算可得，其风险指标权重分别为 53.333%、26.667%、13.333% 和 6.667%。银行业风险指标资本充足率、拨备覆盖率、不良贷款率权重分别为 24.517%、6.272%、22.544%。证券业风险指标资本杠杆率、风险覆盖率、净稳定资金率权重分别为 12.259%、3.136%、11.272%。保险业风险指标综合偿付能力充足率、市场风险资产占比、保险业务收入变化率权重分别为 6.129%、1.568%、5.636%。信托业风险指标净资本占净资产比率、净资本覆盖率、信托资产变化率权重分别为 3.065%、0.784%、2.818%（见表 7－12）。

表 7－12　　金融豫军风险指标权重计算结果

指标类型	总权重	具体指标	权重设定
银行业	53.333%	资本充足率	24.517%
		拨备覆盖率	6.272%
		不良贷款率	22.544%
证券业	26.667%	资本杠杆率	12.259%
		风险覆盖率	3.136%
		净稳定资金率	11.272%
保险业	13.333%	综合偿付能力充足率	6.129%
		市场风险资产占比	1.568%
		保险业务收入变化率	5.636%
信托业	6.667%	净资本占净资产比率	3.065%
		净资本覆盖率	0.784%
		信托资产变化率	2.818%

（三）金融豫军风险水平度量与评价

根据设计的金融豫军风险指标体系，通过加权计算 2015～2020 年金融豫军及各细分行业风险水平。由表 7－13 可知，金融豫军风险水平呈下降趋势，2020 年的风险水平仅为 2015 年的三分之二。受资本市场发展及行业环境的不利影响，

2017年以来证券业风险水平最高，高于金融豫军整体的风险水平。由于中原农险成立较晚，成立之初的两年（2015年、2016年）风险水平高，2017年风险水平出现大幅下降，但仍然高于银行业、信托业和金融豫军整体风险水平。近六年来，银行业和信托业风险水平相对较低，银行业风险呈现逐渐下降趋势，信托业风险水平则波动较大，有略微上升的趋势。

表7－13　　金融豫军风险水平度量结果

年份	银行业	证券业	保险业	信托业	金融豫军
2015	0.066	0.187	0.460	0.075	0.151
2016	0.061	0.229	0.567	0.081	0.175
2017	0.058	0.195	0.191	0.092	0.114
2018	0.041	0.169	0.128	0.077	0.089
2019	0.042	0.140	0.181	0.089	0.090
2020	0.042	0.192	0.165	0.094	0.102

三、金融豫军风险预警

（一）金融豫军风险预警等级确定

在金融豫军风险水平指标体系的基础上，选取信号灯风险预警模型，通过在不同安全状态区间内亮灯的方法进行风险预警。将金融豫军风险水平划分为安全、基本安全、警惕和危险四类状态，分别以绿灯、蓝灯、黄灯和红灯进行风险指示，黄灯亮起说明风险水平高，红灯亮起则说明风险水平过高，超出警限范围，需要重点关注并采取风险管控措施。

在金融预警风险状态分值方面，安全状态分数大于80分，最高分值为100分。基本安全状态的分值大于50分，最高为80分。警惕状态分值则大于30分，小于等于50分，危险分值最高30分。根据金融豫军风险度量指标的含义，以确定不同风险状态的具体指标范围，反映不同行业风险安全警限标准。

银行业方面，资本充足率大于9%、拨备覆盖率大于170%、不良贷款率小于等于3%时，风险水平低，处于安全状态，亮起绿灯。资本充足率在7%～9%（包括9%）区间、拨备覆盖率在140%～170%（包括170%）区间、不良贷款率在3%～9%（包括9%）区间时，风险水平较低，处于基本安全状态，亮起蓝灯。资本充足率在4%～7%（包括7%）区间、拨备覆盖率在90%～140%（包括140%）区间、不良贷款率在9%～15%（包括15%）区间时，风险水平高，处于警惕状态，亮起黄灯。资本充足率小于等于4%、拨备覆盖率小于90%、不良贷款率大于15%时，该指标风险水平很高，处于危险状态，亮起红灯（见表7-14）。

证券业方面，资本杠杆率大于10%、风险覆盖率大于120%、净稳定资金率大于120%时，风险水平低，处于安全状态，亮起绿灯。资本杠杆率在7%～10%（包括10%）之间、风险覆盖率在90%～120%（包括120%）之间、净稳定资金率在90%～120%（包括120%）之间时，风险水平较低，处于基本安全状态，亮起蓝灯。资本杠杆率在3%～7%（包括7%）之间、风险覆盖率在50%～90%（包括90%）之间、净稳定资金率在50%～90%（包括90%）之间时，风险水平高，处于警惕状态，亮起黄灯。资本杠杆率小于等于3%、风险覆盖率小于等于50%、净稳定资金率小于等于50%时，风险水平很高，处于危险状态，亮起红灯（见表7-14）。

表7-14　金融豫军风险状态分值表及指标安全警限标准

行业	风险度量指标	风险状态分值及指标安全警限标准			
		安全（绿灯）	基本安全（蓝灯）	警惕（黄灯）	危险（红灯）
		(80，100]	(50，80]	(30，50]	(0，30]
银行业	资本充足率	>9%	(7%，9%]	(4%，7%]	≤4%
	拨备覆盖率	>170%	(140%，170%]	(90%，140%]	<90%
	不良贷款率	≤3%	(3%，9%]	(9%，15%]	>15%
证券业	资本杠杆率	>10%	(7%，10%]	(3%，7%]	≤3%
	风险覆盖率	>120%	(90%，120%]	(50%，90%]	≤50%
	净稳定资金率	>120%	(90%，120%]	(50%，90%]	≤50%
保险业	综合偿付能力充足率	>110%	(80%，110%]	(30%，80%]	≤30%
	市场风险资产占比	≤40%	(40%，50%]	(50%，70%]	>70%
	保险业务收入增长率	>20%	(10%，20%]	(1%，10%]	≤1%
信托业	净资本占比	>50%	(40%，50%]	(25%，40%]	≤25%
	净资本覆盖率	>110%	(90%，110%]	(60%，90%]	≤60%
	信托资产变化率	>20%	(10%，20%]	(5%，10%]	≤5%

保险业方面，综合偿付能力充足率大于110%、市场风险资产占比小于等于40%、保险业务收入增长率大于20%时，风险水平低，处于安全状态，亮起绿灯。综合偿付能力充足率在80%~110%（包括110%）区间、市场风险资产占比在40%~50%（包括50%）区间、保险业务收入增长率在10%~20%（包括20%）区间时，风险水平较低，处于基本安全状态，亮起蓝灯。综合偿付能力充足率在30%~80%（包括80%）区间、市场风险资产占比在50%~70%（包括70%）区间、保险业务收入增长率在1%~10%（包括10%）区间时，风险水平高，处于警惕状态，亮起黄灯。综合偿付能力充足率小于等于30%、市场风险资产占比小于等于70%、保险业务收入增长率小于等于1%时，风险水平很高，处于危险状态，亮起红灯。

信托业方面，净资本占比大于50%、净资本覆盖率大于110%、信托资产变化率大于20%时，风险水平低，处于安全状态，亮起绿灯。净资本占比在40%~50%区间、净资本覆盖率在90%~110%区间、信托资产变化率在10%~20%区间时，该指标风险水平较低，处于基本安全状态，亮起蓝灯。净资本占比在25%~40%区间、净资本覆盖率在60%~90%区间、信托资产变化率在5%~10%区间时，该指标风险水平高，处于警惕状态，亮起黄灯。净资本占比小于等于25%、净资本覆盖率小于等于60%、信托资产变化率小于等于5%时，该指标风险水平很高，处于危险状态，亮起红灯（见表7-14）。

（二）金融豫军风险预警过程解释

根据金融豫军风险预警模型设定，对2015~2020年银行业、证券业、保险业和信托业风险指标进行打分，最终通过加权得到金融豫军风险状态评分，根据评分进行信号灯风险预警。具体指标打分方法采用与前面章节相同的阈值法。

（三）金融豫军风险预警结果分析

证券业风险水平低，一直处于安全状态。近三年银行业风险水平略有提升，安全评分略有下降，但一直处在安全状态，亮着绿灯。中原保险公司在2015年开业之初风险较高，总体基本安全，亮出蓝灯，经过调整后风险水平较低，2016~

2019 年处在安全区间，2020 年受新冠肺炎疫情重大风险事件的影响，风险水平增高，由绿灯转为蓝灯，但总体仍然基本安全。2015 ~ 2016 年以及 2018 ~ 2019 年，百瑞信托和中原信托风险水平略高，处于基本安全状态，亮着蓝灯，2017 年和 2020 年则处于绿灯安全状态（见表 7 – 15）。

表 7 – 15　　2015 ~ 2020 年金融豫军风险预警得分

年份	银行业	证券业	保险业	信托业	总评分
2015	100.000	100.000	57.729	71.756	92.481
2016	100.000	100.000	100.000	68.466	97.898
2017	100.000	100.000	100.000	100.000	100.000
2018	98.167	100.000	92.979	57.729	95.268
2019	98.983	100.000	99.036	86.571	98.434
2020	98.910	100.000	61.353	100.000	94.266

第八章

区域金融风险的防范化解研究

区域金融风险理论分析表明，区域金融风险受多方影响，以广州市、河南省为例的区域金融风险度量与预警研究验证了上述理论。区域金融风险防范化解实践过程中还存在着一些问题，影响区域金融经济健康稳定发展。

第一，区域金融风险防范化解的系统性有待提升，防范化解所涉及领域的全面性、层级性有待提高，防范化解机制运行不够顺畅。区域金融风险防范化解需要区域金融风险利益相关方的共同努力，而目前防范化解的系统性不够全面、政策针对性不强，宏观和微观领域的防范化解政策措施不能够得到有效协调联动执行，严重制约着风险防范化解的区域覆盖面和深层次问题的解决，继而影响着金融风险防范化解的时效性。

第二，宏观层面，区域金融安全防线有待进一步完善，风险应急处置方案有待进一步优化，地方金融监管成效有待进一步加强。区域金融安全防线的设立有利于防范突发重大风险事件，金融体制改革、金融监管转型、经济环境变化、实体经济发展等影响金融安全防线运行的因素仍然存在着诸多不确定性。为了防范化解金融风险，主要金融机构已经建立起风险应急处置方案，但缺乏相应的动态调整，运行质量效率有待进一步提升。实体企业较少建立风险应急处置方案，致使实体企业的风险源无法得到有效管控。区域金融防范化解需要地方政府和金融监管机构等地方金融监管责任主体的履职尽责与协同应对，但金融风险属地监管在一定程度上存在着责任不明晰、履职不到位、监管形式化、协调性不强、信息共享弱等一系列问题。

第三，微观层面，实体企业相关风险的防范化解力度不够，金融机构风险防范化解质效有待进一步提升。作为区域金融风险重要源头的实体企业，特别是中小企业，风险防范化解意识薄弱，风控体系不够健全，风险应急处置能力较弱，在一定程度上增加了金融风险隐患。金融机构对实体企业风险的识别能力较弱，风险感知不强，致使实体经济风险向金融体系传递的防控力度不够。金融机构，尤其是地方性金融机构的内部治理有待完善，风险管控体系运行效率不高，受经营业绩目标影响较大，引致金融风险生成累积。

他山之石，可以攻玉。区域金融风险防范化解实践中存在的诸多问题的解决，既可以借鉴美国、英国、澳大利亚、日本等西方发达国家的金融风险防范化解经验，也可以汲取国内的北京、上海、温州、金华等典型地区金融风险防范化解的创新实践，继而创新区域金融风险防范化解机制，提出有针对性的区域金融风险防范化解对策建议。

第一节 国内外经验借鉴

经济金融防范化解的相关研究始于20世纪30年代，主要集中于经济风险的识别与预警。20世纪60年代，国外金融风险识别、预警的方法技术日臻成熟。不同国家由于金融体制、监管体系存在着较大差异，金融风险识别与防范化解的机制选择和对策措施也存在着很大不同。在借鉴国外经验时，我国主要吸取其金融风险防范化解过程中可供复制的风险识别原理和防控手段。在借鉴国内的北京、上海、温州、金华等典型地区的金融风险防范化解经验时，主要汲取其金融风险防范化解的机制创新和实践创新。

一、国外经验

（一）美国经验

美国金融风险防范化解体系系统性较强，“双线多头”风险监测预警模式覆盖面广。美联储全面监管商业银行、证券公司、保险公司等金融业主要领域业务经营和风险状况。货币监理局、联邦存款保险公司、证券与交易委员会和各州的银行委员会分别监管其所负责领域的金融发展状况与金融风险情景。

美国监管当局主要通过现场监管和非现场监管的方式识别金融风险，及时进行监督管理。CAMELS 评级系统（CAMELS Rating System）是现场监管过程中最常用的监管手段，虽然监管效果明显，但成本过高，无法进行金融机构风险的动态监管。在非现场监管过程中，主要应用 BOPEC 评级系统（BOPEC Rating System）、UBSS 系统（Uniform Bank Surveillance Screen，统一银行监测屏幕系统）、FIMS 系统（Financial Institution Monitor System，金融机构监督系统）对金融机构进行业务和风险相关的评分，识别风险，并进行预警。

联邦存款保险公司专门开发了 CAEL 系统（来源于 CAMELS 评级系统中的资本、资产品质、获利能力、流动性）、GMS 系统（Growth Monitoring System）和 SCOR 系统（Statistical Camels Offsite Rating），对金融机构进行非现场监测，以便于及时发现风险隐患，适时进行监督管理。自 1985 年开始，美国财政部金融局就已经开始通过 CBSS 评级系统（Community Bank System）对联邦立案银行进行风险评估和监督管理。

美国建立了较为完善的金融风险识别与预警信息系统，主要使用的有银行机构全面桌面系统和全国检查数据库系统等。在美国联邦金融机构检查委员会的相关规定下，专业的信息技术公司 EDS（Electronic Data System）专门负责风险识别预警数据的采集工作，按要求将相关数据分别传送给美联储数据处理中心和联邦存在保险公司数据处理中心，由两个中心按机构编制监管核心报表，进行风险实际识别与预警。

1991 年，在《联邦存款保险公司改进法》的指导下，美国建立了快速预警纠偏机制，为监管当局提供了一个以资本充足状况为主的快速识别金融机构风险的框架体系。根据金融机构资本充足状况，进行风险等级划分，对不同等级的机构，采取不同的监管措施。

（二）英国经验

英国的金融监管是自律式监管，很长时间内都没有统一的风险评估预警模型。较大规模金融机构内部都建立了专业风险管控模型，进行金融风险管理。中小金融机构风险管理则缺乏风险识别预警体系。

1995 年，巴林银行的倒闭暴露了英国金融风险识别与预警领域存在的问题，英格兰银行自此开始重视金融风险监管，积极开发使用风险识别预警系统。金融风险预警指标体系内的风险指标主要包括基于风险的资本充足性、外汇持有风险和资产流动性，通过对主要指标的度量，进行风险预警，针对高风险状况及时进行监管。

1997 年，英国金融服务权力机构在《银行法案》（1987）的授权下通过“比例风险监管体系”对银行等金融机构业务、经济环境、风险记录等进行综合性评估，并制订有效的监管计划，实施恰当的监管措施。

英国没有形成统一的金融信息系统，主要靠独立的金融风险预警与监管数据库系统进行风险相关数据收集。1999 年英国金融监管当局成立了特别小组对金融风险识别预警系统进行研究、试点、信息反馈、重估、改进，形成一套完善的电子监管报表，并于 2000 年 8 月投入运行。

（三）澳大利亚经验

澳大利亚建立了以金融监管委员会（由澳大利亚中央银行、审慎监管局、证券与投资委员会以及财政部组成）为基础平台的监管框架，围绕金融体系稳定和消费者保护两大目标，优化监管资源配置并完善监管协调机制，即“双峰监管”模式。澳大利亚这种监管体制经受住了 1997 年亚洲金融危机、2008 年全球金融危机等考验，有其独特的优势，澳大利亚的金融风险防范化解经验值得重视和借鉴。

澳大利亚央行关注金融机构稳定，侧重于履行金融风险处置等职责。审慎监管局工作重点是通过统一监管各类金融机构，维持金融体系整体稳定。证券与投资委员会对金融市场机构准入与市场行为等进行监管。财政部对三家监管机构的工作进行评估。不同监管机构通过数据共享和人员沟通进行相应的监管协调。

在防止系统性金融风险方面，审慎监管局发挥防控系统性风险的领导作用，除了风险监测、预警机制外，还重视危机模拟工作和危机复苏机制。在信息分析过程中，特别重视部际协同和内部协同。

审慎监管局主要依据“可能性与影响评级系统”，对金融机构进行风险评估。金融机构风险失控的可能性分为“低、中低、中高、高、极高”五个等级，风险失控的影响按资产规模分为低（<5 亿澳元）、中（5 亿~50 亿澳元）、高（50 亿~500 亿澳元）、严重（>500 亿澳元）四个等级。审慎监管局根据金融机构的固有风险，结合金融机构自身管控能力与资本充足率的有效性进行评估分级，具体通过现场检查和非现场分析进行，评估因素涉及董事会、管理层、风险治理、战略规划、流动性风险、操作风险、信用风险、市场与投资风险、保险、资本等。

为完善风险管理框架以及规范、程序，审慎监管局建立危机管理模拟机制，利用积累的市场信息数据模拟跨行业、跨部门、存在外部冲击的危机情景，涉及银行、保险、养老金等业务，以检验金融体系稳定性，每年至少模拟一次。根据危机模拟情况，完善相关机制和规章。

另外，澳大利亚金融体系危机管理能力较强，其核心是提升复苏能力。具体措施包括加强审慎监管局应对能力、完善解决方案、建立金融债权计划等。危机应对的触发机制涉及定性和定量标准，包括资本充足率、流动性等一系列定量指标。

（四）日本经验

日本金融业采用的是高度集中管理模式，监管主要由大藏省和中央银行“单线多头”完成。日本银行对银行采用以资本充足性和流动性管理状况、营运绩效、自有资金运用、盈余分配情况等相关财务指标为基础的风险识别与监管。

日本的金融风险识别预警系统由金融机构数据库系统和金融风险监测信息系统两个互不连通的系统构成。日本银行和金融厅主要运用金融机构数据库系统，该系统数据范围广、基础性强，有利于监管人员进行现场检查和非现场检查。金融风险监测信息系统则由金融厅专用，该系统数据更为专一，对风险相关数据的收集更为深入，有利于监管人员进行深度分析。

由于金融监管制度的差异，美国、英国、澳大利亚和日本的金融风险识别预警系统有一定的差异。在区域金融风险防范化解过程中，要考虑政治、经济、社会等诸多相关因素。美国的双线多头风险识别预警机制适用于地域辽阔、金融机构多、地区差异大的国家。多头管理，分工细致，金融机构受到多个机构监管，有利于及时识别预警风险，也有利于金融机构之间相互监督和制衡，降低单一机构风险隐患。但是监管过多，缺少灵活性，容易造成管理混乱和资源浪费。英国模式灵活性较强，金融监管机构可以根据具体情况判断识别风险，及时通过下达规劝信函等方式进行风险监管，但这类方式不具有法律强制性，监管的权威性较弱，可能存在前后矛盾等情况。澳大利亚模式表明，增强监管机构风险管理、危机管理能力的关键在于赋予相应牵头机构处置金融风险的权力。充分汇集、共享金融市场信息，是有效进行金融风险监管的基础。部门之间、部门内部业务操作层面的即时互动机制，是监管协调的有效保障。日本模式与美国模式相似，但制约因素较少，需要完善的金融监管立法和金融机构的高效合作，才能有效运行。

二、国内经验

（一）北京经验

北京集中了所有宏观调控部门、金融监管机构和众多大中型金融机构总部，是全国宏观调控和金融决策中心。北京金融体系的安全关乎全国金融安全、经济安全。针对首都所面临的市场竞争压力、国际游资冲击、金融风险跨境传播和金融监管挑战等金融安全隐患，北京市主要通过政府积极引导金融体系安全建设、完善金融安全预警机制、加强金融监管等具体措施推进区域金融风险防范化解。

在地方金融监管方面，2021 年 4 月 16 日，北京市第十五届人民代表大会常务委员会第三十次会议通过了《北京市地方金融监督管理条例》。该条例于当年 7 月 1 日起施行，对地方金融风险防范和处置做出了详细的规定和要求。北京市及下辖各区人民政府按照国家有关规定承担地方金融风险防范处置属地责任，建立健全防范和处置地方金融风险的制度机制，组织、指导、协调相关部门开展违法违规金融活动的监测预警、风险防范和化解处置等。

2021 年 3 月 18 日，北京金融法院正式成立，在推进金融风处置等方面发挥着重要作用。该院证券虚假陈述责任纠纷、金融借款合同纠纷、融资租赁合同纠纷等案由的民商事案件审理，有利于个体风险化解，有助于区域金融风险防范化解。北京金融法院与金融监管机构共同研究重大金融风险处置等问题，形成金融风险防控合力，切实维护国家和北京市金融安全。该院还成立了“大数据分析研究小组”，设银行、保险、证券、金融衍生品等六个研究团队，通过数据汇集、系统分析以及深入研判，为加强金融风险预警、提升金融治理水平提供决策辅助。

（二）上海经验

上海市政府和金融监管机构从组织架构和政策制度等多方面出发，防范化解区域金融风险。中国人民银行作为我国的中央银行，是维护区域金融安全的主要监管机构，主要负责系统性金融风险防范化解。2005 年成立的中国人民银行上海分行（也称央行二部）为上海市金融风险防范化解机制建立健全提供了保障。

从地方金融监管机构对金融风险的监管政策来看，2020 年 7 月 1 日实行的《上海市地方金融监督管理条例》对区域金融风险防范化解做出了具体规定。上海市金融管理局、银保监局和证监局等地方金融监管机构重点加强局部风险防范化解。地方政府则主要负责区域金融风险处置的组织工作。不同部门之间工作沟通制度的建立完善、相互协作联系的加强，有利于区域金融风险防范化解。

此外，2018 年成立的上海金融法院一直促进司法裁判与金融监管目标有机衔接，积极推进金融风险防范化解。上海金融法院审判工作的开展，有利于上海市金融监管机构更好地维护金融市场秩序、更有效地监管风险。该院建立“金融风险防范分析系列报告”年度发布制度，打造金融诉讼大数据平台，与金融监管机构构建“共享、共商、共研、共防”的协同善治新格局。强化司法建议预警功能，建立风险防控长效机制，有利于实体企业和金融机构相关业务风险防范化解。

（三）其他区域经验

温州经验。温州市成立的金融综合改革试验区，在防范化解区域金融风险方面采取了一系列举措。为切实防范区域性金融风险暴发，温州市通过摸排多类企业、制订监管预案、提前介入风险化解等方式强化风险隐患排查，严防新增风险。温州市加大重大风险担保圈和不良资产处置力度，防止风险隐患沿资金链、担保链传递叠加甚至是变异恶化，及时控制“两链”风险传染性。此外，温州市还通过深化民间金融监督管理，探索建立企业金融风险联合预警机制，织密企业金融风险基层防控网等方式，深化金融风险长效管控，抓牢风险源头预防。

金华经验。为进一步保障经济金融秩序稳定，充分发挥金融对经济发展的保障支持作用，金华市开发区充分利用乡镇（街道）四个平台，在金融风险网格“宣传、排查、巡查、处置、奖励”方面形成一套完整的工作机制。实现各类金融机构的监测预警和日常监管的智能化、信息化、科学化，做到各类金融机构底数清、情况明，保障了金融风险的“早识别、早预警、早发现、早介入、早处置”。同时，形成及时反映情况、迅速解决问题、全面掌握风险隐患、有效化解金融风险的长效管理机制，取得了积极成效。

北京经验和上海经验主要集中在区域金融安全体系建设、地方金融风险监管和金融法院助力等领域，温州经验侧重于企业风险隐患及早严查、风险传染及时管控、企业金融风险联合预警等方面，金华经验则包括基于多平台的金融风险网格管理、金融机构日常监管、金融风险化解长效管理等。其他区域金融风险防范化解可以有针对性地借鉴上述国内区域金融风险防范化解经验。

三、国内外经验借鉴

鉴于我国的国情以及不同区域的差异，在创新区域金融风险防范化解机制的过程中，可以有针对性地汲取国外不同模式的经验，取长补短。具体来说，我国不同区域在防范化解金融风险的过程中要考虑政治、经济、社会等多方面因素。为更有效地识别风险、预警风险以及防范化解风险，金融机构可以接受多个政府部门和监管机构的风险监管，但监管指标体系设计不宜过于复杂，需要考虑管理的有效协调和资源的合理分配。另外，金融监管机构也可以通过下达规劝信函等方式进行灵活监管。

区域金融风险防范化解机制创新要结合区域特点，借鉴国内区域金融安全体系建设、地方金融风险监管、金融法院助力、企业风险隐患及早严查、风险传染及时管控、企业金融风险联合预警、基于多平台的金融风险网格管理、金融机构日常监管、金融风险化解长效管理等区域金融风险防范化解先进经验，有针对性地进行宏观机制创新、微观机制创新和耦合机制创新。

第二节 区域金融风险防范化解机制创新

由于区域金融风险存在波动性，区域性系统性风险防控压力较大，区域金融风险防范化解机制有待改进，亟须从宏观、微观和耦合等多视角出发，创新区域金融风险防范化解机制。

一、宏观机制创新

鉴于区域金融风险理论分析、区域金融风险分析度量以及区域金融风险防范化解实践中存在的问题，创新区域金融风险防范化解宏观机制，着力巩固区域金融安全防线，优化风险应急处置方案，强化金融风险属地监管，建立健全风险信息系统。

（一）巩固区域金融安全防线

为维护经济社会发展各个方面的权益，稳定区域金融市场秩序，保障区域金融安全，需要未雨绸缪、防微杜渐，通过加快金融体制改革、金融监管转型，创造维持良好的经济运行环境，巩固实体经济的坚实基础等多方面的协同推进，筑牢区域金融安全防线，守好区域金融风险防范化解“源头关”。

区域金融风险是实体经济风险传递与金融体系自身风险相互交织所形成的。巩固区域金融安全防线，需要金融体系与实体经济的共同努力，既要根据国家金融体制改革要求，加快地方金融监管转型，又要创造维持良好的经济运行环境，减少金融泡沫，发挥市场配置作用，减少政府对经济的干预，促进实体经济健康发展。只有通过实体经济的健康发展与金融体制的有效改革的共同作用，才能达到标本兼治的目的。

（二）优化风险应急处置方案

针对实体企业和金融机构等重点领域的金融风险状况，要积极优化风险应急处置方案，及时防范化解金融风险。要加强社会舆情监测，按照“一企一策”原则，逐一强化风险应急处置方案的针对性，防止金融风险扩散蔓延，降低重点企业违约风险，有效管控重点金融机构风险。

对区域经济社会发展影响较大的企业以及风险水平高的中小企业等重点实体企业，要健全完善企业内部风险应急处置方案。成立风险应急处置工作小组，明确相关部门、人员之间的分工，使其既分工明晰，又相互协同、互为补充。通过建立风险监测预警体系，及早发现高风险事件和状况，及时通知提供金融服务的金融机构，有效切断风险源。

重点金融机构要进一步优化内部风险应急处置方案，及时有效地管控金融风险。进一步健全金融风险应急处置组织体系，明确相关部门和人员职责。完善突发金融风险报告制度，畅通报告渠道，以便于上级部门迅速、准确地掌握突发金融风险事件情况，及时做出处置决策。针对突发金融风险情景，设计快速、高效、稳妥、低成本的应急处置预案，以便于根据金融风险的实际情况，及时有效地管控风险。

（三）强化金融风险属地监管

地方政府、地方金融监管机构要在国家层面的金融风险防范化解制度政策的基础上，根据地方实际情况，及时出台并积极实行区域金融风险防范化解的相关规章制度，积极引导商业银行、保险公司、证券公司等金融机构通过加强资本管理与风险管理，防范化解金融风险。

明确地方政府风险处置属地责任。在制订地方金融监管目标时，要将防范化解金融风险放在重要位置，以便于维护地方金融体系运行的安全性和稳定性。建立地方政府金融监管行动准则，针对实体企业的相关金融活动以及金融体系内部的金融活动异常，能够快速准确识别，适时进行有效监管，及时化解金融不稳定因素，有效防范风险的蔓延和扩大。

夯实地方金融监管机构监管责任。地方金融监督管理局、中国人民银行地方分支机构、银保监局、证监局等地方金融监管机构，针对特殊、突发的复杂金融风险事件，既要明确其风险监管责任，又要相互配合协作，认真履行地方金融风险监管职能，守住金融安全防线。

（四）建立健全风险信息系统

借鉴国内外金融风险防范化解的经验，建立健全具有区域特色的有针对性的区域金融风险信息监测系统。地方金融监管机构要不断完善金融风险数据报送的相关制度，或委托专门机构负责数据收集整理，及时更新数据库，以便于实时有效分析预警区域金融风险隐患。

完善区域金融风险信息系统，要充分考虑经济金融环境、实体企业、地方政府、金融机构等区域金融风险关联方的数据更新情况，以便于及时处理区域金融风险相关数据，动态识别预警风险，有针对性地进行区域金融风险监督管理，及时有效地防范化解风险隐患，更好地发挥金融支持区域经济社会发展的作用。

二、微观机制创新

金融机构要通过改善中小企业金融服务、防控金融科技应用风险、加强金融机构内部治理、完善风险识别预警体系，创新区域金融风险防范化解微观机制，防范化解区域金融潜在风险。

（一）改善中小企业金融服务

由于企业规模小、抗风险能力弱、管理不规范、抵押物不足等多方面的原因，中小企业违约率较高，是区域金融风险的重要来源。

金融机构特别是地方法人金融机构要积极发挥自身区位优势，设立小企业金融服务特色分支机构和专营部门。针对中小企业抵押物少、融资难融资贵等问题，金融机构要在相关政策支持下，充分利用大数据、人工智能等金融科技，加大信用担保、供应链金融等领域产品和服务开发，为中小企业提供更多的无抵押、无担保、低利率金融产品，在信贷、债券、金融产品创新等方面加大对中小企业的金融支持力度。

（二）防控金融科技应用风险

大数据、人工智能、区块链等金融科技有助于精准定位区域金融需求，然而在金融科技应用过程中也存在着由于技术漏洞、管理缺陷等因素产生操作、法律和声誉风险的可能性。金融机构要及时防控新兴领域可能产生的风险，及时防范化解风险隐患。

金融机构要不断增强新兴领域金融风险防范手段和管控措施，有效提升风险管理水平。要制订金融科技关键风险监测指标，全面覆盖金融科技风险管理领域，定时开展风险监测，动态跟踪风险趋势，加强风险事前、事中、事后闭环有效管理。加大金融科技投入，持续规范操作流程，加强合规风险管理，增强问责力度，提升金融科技系统建设运行安全管理水平，支持金融机构业务健康有序发展。

（三）加强金融机构内部治理

金融机构，特别是地方性中小金融机构要不断加强公司内部治理，改善内部治理结构，逐步减少地方政府的直接干预和间接影响，不断提升自身经营决策能力和风险管理水平。关注区域内部重点企业业务经营状况和风险变化情景，及时有效地识别实体企业风险源，防范实体企业风险向金融机构传递，化解区域金融风险。

金融机构要积极拓宽资本补充渠道，加强资本管理水平，增强资金吸收能力，提升资产负债管理水平。健全机构内部风险管理体系，推进风险管理智能化，及时有效管控信用风险、市场风险、流动性风险等金融风险，有效防控金融体系内部风险扩散蔓延。

（四）完善风险识别预警体系

金融机构要根据金融风险监管标准调整和自身业务创新情况，应用大数据、人工智能、区块链等金融科技手段健全完善风险识别预警体系。根据具体业务活动环节，计算风险指标，生成风险监管报表，动态分析风险指标变化情况，及时识别风险隐患，按照预先设定的阈值和监控标准，进行风险自动预警。针对风险警情级别，进行有针对性的管控。

要根据地方金融监管信息披露要求，及时向监管机构报告风险管控指标数据和达标情况以及风险基本情况、问题成因，在上级金融监管机构指导下完善机构内部金融安全防线、优化风险应急处置方案等，防范化解金融风险。

三、耦合机制创新

区域金融风险防范化解需要宏观机制创新与微观机制创新的有效衔接和协同推进，即耦合机制创新，以便于及时地识别风险关联方可能产生的风险，及时有效地进行防范化解。

（一）巩固区域金融安全防线与改善中小企业金融服务耦合创新

巩固区域金融安全防线并非排除一切金融风险，也不可能排除所有风险，因为风险无处不在。改善中小企业金融服务，说明在金融支持中小企业发展方面仍然存在着较大的改善空间，不能因为中小企业是重要的金融风险源而将其拒之门外，因噎废食的结果是自废武功，只有不断改善中小企业金融服务，才能防患于未然，尽可能地减少中小企业风险源，降低中小企业金融风险程度，推动中小企业以及金融机构自身的健康发展。由此可以看出，巩固区域金融安全防线与改善中小企业金融服务具有共同的目的，只有两者协调耦合创新发展，才能有效地防范化解区域金融风险。

（二）优化风险应急处置方案与防控金融科技应用风险耦合创新

要在优化风险应急处置方案的基础上，建立健全风险识别与预警系统，防控金融科技应用风险。针对可能发生的突发性重大金融风险，要全面优化各种情景的以重点企业和金融机构为基础的风险应急处置方案。同时，还要在微观层面利用大数据动态监控实体经济风险向金融机构传递、金融机构内部风险生成累积以及金融科技应用风险情景，提升风险识别预警效率，及时识别预警金融科技等新兴领域的风险。

（三）强化金融风险属地监管与加强金融机构内部治理耦合创新

要实现金融风险属地监管和金融机构内部治理的良性互动，创新区域金融风险防范化解机制。金融机构风险管控能力的提升需要外部监管与内部治理的共同作用。强化金融风险属地监管能够从外部推动金融机构改善公司治理、加强风险管理。金融机构也需要在外部监管的助推下，加强公司内部治理，通过资本管理、资产负债管理等提升风险识别及管控能力。

（四）建立健全风险信息系统与完善风险识别预警体系耦合创新

要把建立健全区域金融风险数据信息系统与完善金融机构风险识别预警体系有机地结合在一起。区域金融风险防范化解需要及时识别风险并进行预警，既需要覆盖面广泛的及时更新的区域金融风险信息数据资源，也需要完善的金融机构内部风险识别预警体系，两种系统（体系）相互依存，共同发挥作用。通过宏观和微观相结合，保证金融风险识别预警的全面性、及时性，提升区域金融风险识别预警的效率。

上述两两之间的区域金融风险防范化解宏观机制与微观机制的耦合创新只是耦合机制创新的重要组成部分，实际上的耦合机制创新要包括很多种，这里不再赘述。

第三节 区域金融风险防范化解对策建议

根据实体企业风险向金融机构传递以及金融机构内部风险生成情景，在区域金融风险防范化解机制创新的基础上，提出有针对性的防范化解对策建议，促进广州市、河南省等区域金融经济健康稳定发展。

一、宏观层面对策建议

（一）及时有效地化解处置高风险状况

针对重点企业和金融机构可能出现的高风险状况，及时优化风险应急处置方案，切断实体企业以及金融机构的风险源，实时管控实体经济风险和金融机构内部风险，有效防范化解区域金融风险生成累积，将区域金融风险始终控制在安全防线之内，始终保持区域金融安全防线不被突破，推动区域金融与经济良性健康发展。

（二）基于数据信息加强金融风险监管

在完善的区域金融风险数据信息库和及时有效地风险识别预警基础上，通过有针对性地强化区域金融风险属地监管，进一步细化完善区域金融风险监管政策制度，优化区域金融风险监管工作流程，增强金融机构业务经营与风险管理能力，提升地方金融监管机构风险监管时效，及时防范化解区域金融风险生成扩散，促进区域金融经济健康稳定发展。

（三）实时追踪区域金融风险潜在隐患

区域经济金融发展过程中存在着不少风险隐患，要动态监测实体企业存在的风险源，及时更新中小企业经营管理、融资担保状况等方面的数据资料，实时追踪金融支持实体经济发展所面临的诸多风险隐患，积极发挥地方政府的政策引导作用，及时预警担保链可能存在的风险，切断风险源头，防范化解区域金融风险生成累积。

二、微观层面对策建议

（一）持续创新中小企业金融产品服务

新时代人民日益增长的美好生活需要和不平衡不充分的发展之间的矛盾，对中小企业的健康发展提出新的要求，地方金融机构就要根据中小企业持续发展过程中新的需要，通过政府层面的融资担保、中介服务等方面配套扶持，在信贷、债券等方面持续创新金融产品，不断提升金融服务水平。

（二）提升金融机构的治理与风控能力

金融机构要加强公司内部治理，适时适度进行业务扩张，因地因时制宜地推进金融科技应用。不断提升风险管理能力和效率，完善风险识别预警指标体系，动态调整金融风险的相关指标，实时监控自动预警风险，防控传统领域和新兴领域的金融风险。

三、协同治理对策建议

（一）宏观政策监管与微观治理创新的协同推进

加强区域金融风险防范化解的宏观政策监管必须与微观治理创新有机地结合在一起，才有利于及时有效地化解处置高风险状况，基于数据信息加强金融风险监管，实时追踪风险潜在隐患落到实处，也有利于金融机构持续创新中小企业金融产品服务，不断提升内部治理与风控能力。最终实现实体企业、地方政府、金融机构等利益相关方协调发展，互利共赢。

（二）经济金融发展与风险防范化解的协同推进

要协同推进区域经济金融发展与风险防范化解，动态挖掘实体企业，特别是中小企业的金融需求，创新具有地域特色的金融产品服务。在提升金融资源供给与需求匹配度的同时，加强区域金融风险防范化解力度，协同推进区域经济金融发展与风险管控，使金融经济能够互促互进、共同发展。

第九章

结论与讨论

第一节 结 论

一、区域金融风险理论分析结论

区域经济关联网络的主体是实体企业、地方政府、金融机构和家庭部门，四部门内部存在着关联关系，不同部门之间也有着较强的关联关系。关联网络的运行主要依赖于区域政治、经济、金融等活动。地区资源禀赋、区域经济结构和产业发展战略等因素影响着区域经济部门之间的关系。金融风险在区域经济部门关联活动过程中生成累积，继而影响着区域经济社会的健康稳定发展。

区域金融风险既来自实体经济风险向金融机构的传递，也来自金融机构内部。金融风险在金融体系不断累积，如果风险处置不及时，有引致区域性系统性金融风险的可能性。区域金融风险生成始于实体经济业务发展，经济扩张增大实体企业风险隐患，经济下行压力加大促使实体企业风险隐患暴露可能性变大，地方政府行为影响实体经济风险向金融机构传递，加之金融机构内部风险生成，区域金融风险逐渐累积。

二、区域金融风险度量与预警研究结论

区域金融风险指标体系构建及风险度量、预警步骤包括以下四个方面：确

定经济环境关联风险指标、实体企业关联风险指标、地方政府关联风险指标和金融体系关联风险指标；选取层次分析法和熵值法等对风险指标赋予相应权重，建立区域金融风险指标体系；根据风险综合评分，对区域金融风险进行度量；选取信号灯风险预警模型，通过不同安全状态区间亮灯方法进行风险预警。

（一）广州市案例结论

由广州市金融发展现状、面临的主要风险及风险防控现状分析可知，通过适时出台并积极执行风险防控行动计划、构建“一地局一中心”的金融风险监管机制以及稳步开展并创新区域金融风险防控工作等措施，广州市金融发展总体趋势良好，金融风险水平呈现出下降趋势，但波动较大。

广州市金融风险度量与预警案例研究方面，通过构建包含经济环境、实体企业、地方政府、金融体系等关联风险指标的广州市风险指标体系，度量2006～2020年广州市金融风险情景，发现广州市金融风险水平总体上呈现出下降趋势，风险波动较大。广州市经济环境风险在波动中呈现明显下降趋势，实体企业风险也在波动中逐渐下降，地方政府风险水平较高且波动大，金融体系风险波动性最大。协调耦合模型检验结果表明，实体经济风险与金融风险之间有较强的关联关系，实体经济风险通过金融契约向金融体系传递。

从风险预警方面来看，广州市金融风险预警得分变化较大，2015年受国内“股灾”等影响，安全水平快速下降，进入警惕状态，亟待风险防控。经济环境风险预警得分存在着一定波动，2006～2020年风险得分在基本安全和安全状态徘徊。实体企业风险、地方政府风险波动性较大，风险预警得分出现大幅波动，并多次处于危险状态，风险管控紧迫性较强。金融体系风险水平波动也较大，虽然仅仅个别年份处于警惕状态，但仍需要进行相应的金融风险防控。

分析广州市典型金融机构发展现状、面临的主要风险及风险防控现状，选取典型商业银行、证券公司、保险公司风险的相关指标，构建广州市典型金融机构风险指标体系，度量、预警风险。实证研究发现，2018～2020年典型金融机构风险水平较为稳定，典型商业银行风险水平较低且较为稳定，典型证券公司风险水平快速上升，典型保险公司风险水平较高且呈现上升趋势。风险预警方面，2018～2020年广州市典型金融机构总体上处于安全状态，其中典型商业银行一直处于安全状态。2018年受宏观环境和资本市场变化影响，典型证券公司处于风险状态，在及时进行风险管控后，安全评分大幅上升，2019～2020年处在安全状态。2018～2019年典型保险公司处于基本安全状态，2020年则转为安全状态。

（二）河南省案例结论

河南省金融发展现状、面临的主要风险以及风险防控现状分析表明，河南省金融形势运行总体平稳，金融发展状况良好，服务实体经济的质效稳步提升。全省存款、贷款逐年持续增长，信贷投向结构不断优化。证券市场融资功能不断增强，但融资规模变化较大。保险业的风险保障功能得到有效发挥，但保险深度存在一定波动性。

河南省面临着多种多样的金融风险，风险不断变化，存在一定隐蔽性。河南省有针对性地出台了多项措施，强化相关方协同联动，形成防控合力，提升金融风险抵御、治理和化解能力。全省金融运行总体平稳，守住了不发生区域性系统性金融风险的底线。在经济环境不断变化的背景下，河南省金融风险防范化解能力仍需要进一步提升。

选择包含经济环境、实体企业、地方政府、金融体系风险关联指标，构建河南省风险指标体系，赋予指标权重，度量风险水平，发现河南省金融风险水平受经济环境等因素影响存在一定波动。2001～2011年经济环境风险波动较大，2012年以来经济环境风险呈逐渐下降趋势。2001～2007年，实体企业风险水平快速上升，2008年以来，风险水平在波动中下降。2006年地方政府风险水平达到最高值，随后逐渐下降，最近十多年风险水平在较高水平波动。金融体系风险波动性也较大，2010年以来风险水平呈现上升趋势，2020年达到20年以来的最高水平。协调耦合模型检验结果显示，实体经济风险与金融风险之间存在一定的关联关系，但关联关系并不明显，实体经济风险向金融体系的传递较为隐蔽，需要更多关注实体经济风险与金融体系风险的关联性。

河南省金融风险预警得分变化较大，2008 年之前一直处于安全和基本安全状态，2008 年以来多次触及安全警戒线，特别是 2020 年受新冠肺炎疫情重大风险事件的影响，安全预警等级变为警惕等级，触及安全警限，需要及时有效地管控区域金融风险，防范系统性风险的生成。经济环境风险预警得分波动较大。2009 年以来的实体企业风险水平波动较大，2019 年、2020 年实体企业风险处于警惕状态，亟须进行风险管控。2014 年以来地方政府风险预警得分波动较大，2020 年亮起黄灯，需要警惕地方政府的关联风险。2008 年以来，金融体系风险波动性较大，预警得分变化较大，多次出现黄灯和红灯，金融风险管控存在紧迫性。

“金融豫军”建设始于 2014 年，经历了组建成立、发展壮大和全面崛起等多阶段发展，队伍规模不断壮大，结构日趋完善，总体发展良好，在支持河南省经济社会发展方面发挥着越来越重要的作用。地方性金融机构组成的金融豫军优势明显，但短板也很突出。对金融豫军来说，要把握机遇，应对挑战，才能实现持续稳定发展。通过构建金融豫军发展水平指标体系并进行度量，发现金融豫军发展水平逐年稳步提升，银行业发展水平最高，高于总体发展水平。2016 年以来，保险业发展水平也呈现出稳步上升趋势，证券业和信托业发展水平基本稳定。

选取金融豫军典型银行、证券公司、保险公司和信托公司风险相关指标，构建金融豫军风险指标体系并进行风险度量与预警，发现金融豫军风险水平呈下降趋势，2020 年风险水平仅为 2015 年的 2/3。受资本市场发展及行业环境的不利影响，2017 年以来证券业风险水平最高，高于金融豫军整体风险水平。中原农险成立之初的前两年（2015 年、2016 年）风险水平高，2017 年风险水平出现大幅下降，但仍然高于银行业、信托业和金融豫军整体风险水平。银行业和信托业风险水平相对较低，银行业风险水平呈现逐渐下降趋势，信托业风险水平则波动较大，有略微上升趋势。从风险预警方面来看，近三年银行业安全评分略有下降，但一直处在安全状态，证券业一直处于安全状态，保险业、信托业总体基本安全。

三、区域金融风险防范化解研究结论

鉴于我国国情以及不同区域之间的差异，在创新区域金融风险防范化解机制方面，可以有针对性地吸取西方发达国家不同的模式经验，取长补短。具体来说，在我国不同区域的金融风险防范化解过程中，要综合考虑政治、经济、社会等多方面因素。为了更有效地识别风险、预警风险以及防范化解风险，金融机构可以接受多个政府部门和监管机构的风险监管，但是在监管指标体系设计上不宜过于复杂，需要考虑各管理方的有效协调以及资源的合理分配。另外，金融监管机构还可以通过下达规劝信函等方式进行灵活监管。

区域金融风险防范化解机制创新要结合区域特点，借鉴国内区域金融安全体系建设、地方金融风险监管、金融法院助力、企业风险隐患及早严查、风险传染及时管控、企业金融风险联合预警、基于多平台的金融风险网格管理、金融机构日常监管、金融风险化解长效管理等区域金融风险防范化解的先进经验，有针对性地进行宏观机制创新、微观机制创新和耦合机制创新。

鉴于区域金融风险理论分析、区域金融风险分析度量以及区域金融风险防范化解实践中存在的问题，创新区域金融风险防范化解宏观机制，着力巩固区域金融安全防线，优化风险应急处置方案，强化金融风险属地监管，建立健全风险信息系统。金融机构要通过改善中小企业金融服务、防控金融科技应用风险、加强金融机构内部治理、完善风险识别预警体系，创新区域金融风险防范化解微观机制，防范化解区域金融潜在风险。通过巩固区域金融安全防线与改善中小企业金融服务耦合创新，优化风险应急处置方案与防控金融科技应用风险耦合创新，强化金融风险属地监管与加强金融机构内部治理耦合创新，以及建立健全风险信息系统与完善风险识别预警体系耦合创新等，实现区域金融风险防范化解宏观机制与微观机制的耦合创新。

根据实体企业风险向金融机构传递以及金融机构内部风险生成情景，提出“及时有效地化解处置高风险状况，基于数据信息加强金融风险监管，实时追踪区域金融风险潜在隐患，持续创新中小企业金融产品服务，提升金融机构的治理与风控能力，协同推进宏观政策监管与微观治理创新，协同推进经济金融发展与风险防范化解”等区域金融风险防范化解对策建议，促进广州市、河南省等区域金融经济健康稳定发展。

第二节 讨论

本书在研究过程中，由于涉及实体企业、地方政府、金融机构等方面的信息安全，数据收集的类别、总量、质量等方面受到一定限制，不得不考虑选择一些替代变量，致使相应的理论分析、实证研究，乃至区域金融风险的防范化解还存在着一定的不足。

另外，本书只是从经济关联网络视角进行了较为全面的区域金融风险研究，还可以从其他视角进行区域金融风险的理论分析和实证研究，尤其要分析金融风险跨区域传染、区域金融风险引致系统性金融风险等；区域金融风险对金融经济影响也需要进一步的深入研究等。最终通过更加全面深入地区域金融风险分析研究，进一步提升区域金融风险防范化解决策的科学性、时效性，推动区域金融健康稳定发展，更好地支持区域经济社会发展。

参考文献

[1] Alenka Volk, Štefan Bojnec. Local action groups and the LEADER co – financing of rural development projects in Slovenia [J]. Agricultural Economics, 2014, 60 (8): 364 – 375.

[2] Allen N. Berger, Adrian M. Cowan, W. Scott Frame. The surprising use of credit scoring in small business lending by community banks and the attendant effects on credit availability, risk, and profitability [J]. Journal of Financial Service Research, 2011, 39: 1 – 17.

[3] Andreas Krause, Simone Giansante. Interbank lending and the spread of bank failures: A network model of systemic risk [J]. Working Paper. 2012, 5.

[4] A. Sinan Cebenoyan, Philip E. Strahan. Risk management, capital structure and lending at banks [J]. Working paper, 2001, 11.

[5] Beutel J., List S., Hasan I., et al. Does machine learning help us predict banking crises? [J]. Journal of Financial Stability, 2019, 45: 1 – 28.

[6] Bian W., Wang X., Sun Q.. Non – interest income, profit, and risk efficiencies: Evidence from commercial banks in China [J]. Asia – Pacific Journal of Financial Studies, 2015 (44): 762 – 782.

[7] Brkkum S. Inside debt and bank risk [J]. Journal of Financial and Quantitative Analysis, 2016 (2): 359 – 385.

[8] Canbas S., Cabuk A., Kilic S. B.. Prediction of commercial bank failure via multivariate statistical analysis of financial structures: The Turkish case [J]. European Journal of Operational Research, 2005, 166 (2): 528 – 546.

[9] Candauda Arachchige Saliya, Kelum Jayasinghe. Creating and reinforcing discrimination: The controversial role of accounting in bank lending [J]. Accounting Forum, 2016, 40: 235 - 250.

[10] Chen C. R., Huang Y. S., Zhang T. Non - interest income, trading, and bank risk [J]. Journal of Financial Service Research, 2017 (51): 19 - 53.

[11] ChiaramonteL.. Should we trust the Z - score? Evidence from the European banking industry [J]. Global Finance Journal, 2015, 28 (C): 111 - 131.

[12] Chisasa, Joseph. Managing corporate default risk in lending portfolios for Zimbabwean banks [J]. Business Management Conference, 2009: 184 - 194.

[13] ChongByung - Uk, Jang Yoo - Sik, Park Hyung - Ra. Foreign exchange risk, Global Financial Crisis, and loan risk premium: Analysis of international lending by US banks [J]. Journal of Korea Trade, 2011 (1): 47 - 70.

[14] Cuneyt Sevim, Asil Oztekin, Ozkan Bali. Developing an early warning system to predict currency crises [J]. European Journal of Operational Research, 2014, 237 (3): 1095 - 1104.

[15] Davis E. P., D Karim. Comparing early warning systems for banking crises [J]. Journal of Financial Stability, 2008, 4 (2): 89 - 120.

[16] Deniz Anginer, Asli Demirguc - Kunt, Harry Huizinga, Kebin Ma. Corporate governance of banks and financial stability [J]. Journal of Financial Economics, 2018, 130 (2): 327 - 346.

[17] Dohan Kim, Wook Sohn. The effect of bank capital on lending: Does liquidity matter? [J] Journal of Banking and Finance, 2017, 77: 95 - 107.

[18] Doriana Cucinelli. Can speed kill? The cyclical effect of rapid credit growth: Evidence from bank lending behavior in Italy [J]. The Journal of Risk Finance, 2016, 17: 562 - 584.

[19] Félix J., Iturriaga L., Sanz I. P.. Bankruptcy visualization and prediction using neural networks: A study of U. S. commercial banks [J]. Expert Systems with applications, 2015, 42 (4): 2857 - 2869.

[20] Frankel J. A. , Rose A. K. . Currency crashes in emerging markets: An empirical treatment [J]. Journal of International Economics, 1996, 41 (3 -4): 351 -366.

[21] Franklin Allen, KrzysztofJackowicz, Oskar Kowalewski, Łukasz Kozłowski. Bank lending, crises, and changing ownership structure in Central and Eastern European countries [J]. Journal of Corporate Finance, 2017, 42: 494 -515.

[22] Gao G. , Mishra B. , Ramazzotti D. . Causal data science for financial stress testing [J]. Journal of Computational Science, 2018, 26: 294 -304.

[23] Gertler, M. , N. Kiyotaki. Banking, liquidity, and bank runs in an infinite horizon economy [J]. American Economic Review, 2015, 105 (7): 2011 -2043.

[24] GiovanniFerri, Panu Kalmi, Eeva Kerola. Does bank ownership affect lending behavior? Evidence from the Euro area [J]. Journal of Banking and Finance, 2014, 48: 194 -209.

[25] GiuliaIori, Saqib Jafarey, Francisco G. Padilla. Systemic risk on the interbank market [J]. Working Paper, 2004, 9.

[26] Giuliano Iannotta, Giacomo Nocera, Andrea Sironi. The impact of government ownership on bank risk [J]. Journal of Financial Intermediation, 2013, 22: 152 -176.

[27] Glick R. , Hutchison M. . Banking and currency crises: How common are twins? [J]. Pacific Basin Working Paper Series, 1999, 8.

[28] Goetz M. R. , Laeven L. , Levine R. . Does the geographic expansion of banks reduce risk? [J]. Journal of Financial Economics, 2016, 120 (2): 346 -362.

[29] Hossein Dastkhan, Naser Shams Gharneh. Simulation of contagion in the stock markets using cross - shareholding networks: A case from an emerging market [J]. Computational Economics, 2019, 53 (3): 1071 -1101.

[30] Jeanne O. , MassonP. . Currency Crises, Sunspots and Markov - switching regimes [J]. Journal of International Economics, 2000, 50 (2): 327 -350.

[31] JohnKandrac, Bernd Schlusche. Quantitative easing and bank risk taking: Evidence from lending. [J]. Working Paper, 2017. 1.

[32] Kahane Y. Capital adequacy and the regulation of financial intermediaries [J]. Journal of Banking and Finance, 1978, (1): 207 - 218.

[33] Kaminsky G. L., Lizondo S., Reinhart C. M.. Leading indicators of currency crises [J]. IMF Staff Papers, 1998, 45 (1): 1 - 48.

[34] Kassim Hussein. Does Bank concentration increase credit risk taking behaviour? Evidence from SADC [J]. Working Paper, 2009.

[35] Kenourgios D., Dimitriou D.. Contagion of the Global Financial Crisis and the real economy: A regional analysis [J]. Economic Modelling, 2015 (44): 283 - 293.

[36] Kent Eriksson, Sara Jonsson, Jessica Lindbergh, Angelika Lindstrand. Modeling firm specific internationalization risk: An application to banks' risk assessment in lending to firms that do international business [J]. International Business Review, 2014, 23: 1074 - 1085.

[37] Klomp J., HaanJ.. Bank regulation, the quality of institutions, and banking risk in emerging and developing countries: An empirical analysis [J]. Emerging Markets Finance and Trade, 2014 (6): 19 - 40.

[38] Kolari James W., Felix J. Lopez - Iturriaga, IP Sanz. Predicting European bank stress tests: Survival of the fittest [J]. Global Finance Journal, 2019, 39 (C): 44 - 57.

[39] LeonardoGambacorta, Paolo Emilio Mistrulli. Does bank capital affect lending behavior? [J] Journal of Financial Intermediation, 2004, 13: 436 - 457.

[40] Lin C. S., Khan H. A., Chang R. Y., Wang Ying - Chieh. A new approach to modeling early warning systems for currency crises: Can a machine - learning fuzzy expert system predict the currency crises effectively? [J]. Journal of International Money and Finance, 2008, 27 (7): 1098 - 1121.

[41] Mariarosaria Agostino, Francesca Gagliardi, Francesco Trivieri. Bank com-

petition, lending relationships and firm default risk: An investigation of Italian SMEs [J]. International Small Business Journal, 2011 (8): 907 – 943.

[42] Md Yousuf Kamal. Lending risk analysis of projects sponsored by banks – A Case study of Agrani bank [J]. The Bangladesh Accountant, 2005 (4 – 6): 73 – 79.

[43] Merton R. C.. Analytic Derivation of the Cost of Deposit Insurance and Loan Guarantees [J]. Journal of Banking and Finance, 1977, 1 (1): 3 – 11.

[44] MichaelBrei, Alfredo Schclarek. A theoretical model of bank lending: Does ownership matter in times of crisis? [J] Journal of Banking and Finance, 2015, 50: 298 – 307.

[45] Paweenawat, Archawa; Townsend, Robert M. Village economic accounts: Real and financial intertwined [J]. American Economic Review, 2012, 102 (3): 441 – 446.

[46] Philip E. Strahan. Borrower risk and the price and nonprice terms of bank loans [J]. Working Paper, 1999. 10.

[47] Qinwei Chi, Wenjing Li. Economic policy uncertainty, credit risks and banks' lending decisions: Evidence from Chinese commercial banks [J]. China Journal of Accounting Research, 2017, 10: 33 – 50.

[48] Rivera – Castro Miguel A., Ugolini Andrea, Arismendi Zambrano Juan. Tail systemic risk and contagion: Evidence from the Brazilian and Latin America banking network [J]. Emerging Markets Review, 2018, 35 (C): 164 – 189.

[49] RobertDeyoung, Anne Gron, Gokhan Torna, and Andrew Winton. Risk overhang and loan portfolio decisions: Small business loan supply before and during the financial crisis [J]. Journal of Finance, 2015 (6): 2451 – 2487.

[50] Ronald E. Shrieves, Drew Dahl. Regulation, recession, and bank lending behavior: The 1990 Credit Crunch [J]. Journal of Financial Services Research, 1995, 9: 5 – 30.

[51] S. Battiston, S. Martinez – Jaramillo. Financial networks and stress testing:

Challenges and new research avenues for systemic risk analysis and financial stability implications [J]. Journal of Financial Stability, 2018, 35: 6 – 16.

[52] Sachs J. D., Tornell A., Velasco A., et al. Financial Crises in emerging markets: The Lessons from 1995 [J]. Brookings Papers on Economic Activity 1996, 1996 (1): 147 – 215.

[53] Schwert Michael. Bank capital and lendingrelationships [J]. The Journal of Finance, 2018 (2): 787 – 830.

[54] Senoalday S.. Regionalization and risk [J]. Multinational Business Review, 2015, 23 (4): 355 – 373.

[55] Shi Lei, Sheng Pengfei, Vochozka Marek. The reduction cost of nonperforming loan: Evidence from China's commercial bank [J]. Applied Economics Letters, 2017 (7): 456 – 459.

[56] Sjoerd V. Bekkum. Inside debt and bank risk [J]. Journal of Financial and Quantitative Analysis, 2016, 51 (2): 359 – 385.

[57] Sylvain Benoit. Where is the system? [J]. International Economics, 2014, 138: 1 – 27.

[58] TakashiHatakeda. Bank lending behaviour under a liquidity constraint [J]. Japan and the World Economy, 2000, 12: 127 – 141.

[59] Tara Rice, Jonathan Rose. When good investments go bad: The contraction in community bank lending after the 2008 GSE takeover [J]. Journal of Financial Intermediation, 2016, 27: 68 – 88.

[60] Thierno Amadou Barry, Laetitia Lepetit, Frank Strobel. Bank ownership structure, lending corruption and the regulatory environment [J]. Journal of Comparative Economics, 2016, 44 (3): 732 – 751.

[61] Thorsten Beck, Olivier De Jonghe. Lending concentration, bank performance and systemic risk – exploring cross – country variation [J]. Working paper, 2013. 9.

[62] V. Bhatt, N. Kishor. Bank lending channel in India: evidence from state –

level analysis [J]. Empirical Economy, 2013, 45: 1307 - 1331.

[63] Vipul Bhatt, N. Kundan Kishor. Bank lending channel in India: evidence from state - level analysis [J]. Empirical Economy, 2013, 45: 1307 - 1331.

[64] Will Gornall, IlyaA. . Financing as a supply chain: The capital structure of banks and borrowers [J]. Journal of Financial Economics, 2018, 129 (3): 510 - 530.

[65] William B. English, William R. Nelson. Bank risk rating of business loans [J]. Working Paper, 1998. 11.

[66] Xiaobo Tang, Shixuan Li, Mingliang Tan, and Wenxuan Shi. Incorporating textual and management factors into financial distress prediction: A comparative study of machine learning methods [J]. Journal of Forecasting, 2020, 39: 769 - 787.

[67] Y. Luo, S. Tanna, G. De Vita. Financial openness, risk and bank efficiency: Cross - country evidence [J]. Journal of Financial Stability, 2016, 24: 132 - 148.

[68] 巴曙松，刘孝红，牛播坤．转型时期中国金融体系中的地方治理与银行改革的互动研究 [J]. 金融研究，2005 (5): 25 -36.

[69] 白继山，温涛．中国农村金融风险预警研究——基于金融生态环境的视角 [J]. 农村经济，2011 (5): 79 -82.

[70] 卜建明．地方金融管理现状、问题及建议——以江苏省为例 [J]. 金融纵横，2013 (7): 46 -49.

[71] 曹廷求，郑录军，于建霞．政府股东、银行治理与中小商业银行风险控制——以山东、河南两省为例的实证分析 [J]. 金融研究，2006 (6): 99 - 108.

[72] 陈旭．基于利益相关者视角的商业银行公司治理与经营绩效研究 [D]. 湘潭大学，2016.

[73] 陈守东，杨莹，马辉．中国金融风险预警研究 [J]. 数量经济技术经济研究，2006 (7): 36 -48.

[74] 陈懿冰，聂广礼．银行信贷应该集中管理还是分散投放——基于中国

上市商业银行的分析［J］．中央财经大学学报，2014（10）：38－46.

［75］陈游．美国中小银行救助机制对我国的启示——对包商银行事件的思考［J］．西南金融，2020（12）：44－54.

［76］陈宇，张佳丽，郭蕴旎，等．区域金融风险处置的实践经验及政策建议［J］．金融与经济，2017（8）：72－75.

［77］陈忠阳，郭三野，刘吕科．我国银行小企业信贷模式与风险管理研究——基于银行问卷调研的分析［J］．金融研究，2009（5）：169－195.

［78］陈忠阳．巴塞尔协议Ⅲ改革、风险管理挑战和中国应对策略．国际金融研究，2018（8）：66－77.

［79］程建华，程硕．长三角地区金融风险的区域差异性与动态预警研究［J］．安徽大学学报（哲学社会科学版），2021（3）：142－156.

［80］崔艳娟，张凤海，徐晓飞．区域性金融危机预警体系的构建与检验［J］．商业研究，2008（11）：200－202.

［81］邓春生，李珊．农村金融发展对农村经济增长的非线性影响分析［J］．管理世界，2018，（11）.

［82］邓向荣，曹红．系统性风险、网络传染与金融机构系统重要性评估［J］．中央财经大学学报，2016（3）：52－60.

［83］丁德臣．经济新常态下商业银行风险预警系统研究［J］．宏观经济研究，2016（4）：124－134.

［84］丁述军，庄须娟，李文君．区域金融风险部门间传染机理与实证分析［J］．经济经纬，2019，36（3）：7－14.

［85］丁小华．“巧克力”大厦与“红色资本家”——广东国投18年兴衰令人回味［J］．会计之友，1999（2）：29.

［86］丁志国，张洋，覃朝晖．中国农村金融发展的路径选择与政策效果［J］．农业经济问题，2016，（1）：68－75，111.

［87］董小君，李宇航．中国金融体系脆弱性与系统性金融风险［J］．国家行政学院学报，2006（5）：20－23.

［88］董昕，刘燕，王静，等．政府和市场在区域金融风险处置中的作用边

界与分工效率［J］. 金融发展研究，2016（6）：37－42.

［89］樊鼎之. 基于国企发行人视角对永煤控股债务违约事件的分析［J］. 山西农经，2021（4）：182－183.

［90］范小云，王道平，刘澜飚. 规模、关联性与中国系统重要性银行的衡量［J］. 金融研究，2012（11）：16－30.

［91］耿德林，周慧，江忠伟，等. 金融风险对区域经济发展的空间溢出效应研究——基于三大经济区域的空间面板分析［J］. 征信，2019（6）：65－72.

［92］谷澍. 在服务实体和深化改革中防控好金融风险. 中国金融，2017（18）：9－11.

［93］郭昊. 民间资本借贷问题及解决方案——以温州民间借贷危机为例［J］. 人民论坛·学术前沿，2012（2）：85－87.

［94］郭娜，葛传凯，祁帆. 我国区域金融安全指数构建及状态识别研究［J］. 中央财经大学学报，2018（8）：39－50.

［95］郭翔. 中国第一破产案始末及警示［J］. 银行家，2005（1）：116－121.

［96］韩心灵，韩保江. 供给侧结构性改革下系统性金融风险：生成逻辑、风险测度与防控对策［J］. 财经科学，2017（6）：1－13.

［97］何德旭. 注重防范区域金融风险［J］. 中国金融，2015（5）：44－45.

［98］何青，钱宗鑫，刘伟. 中国系统性金融风险的度量—基于实体经济的视角［J］. 金融研究，2018（4）：53－70.

［99］胡文勇. 信用债违约风险识别预警机制建设及市场主体行为管理［J］. 北方金融，2012（5）：45－52.

［100］黄思杰，李因果. 基于 RBF 神经网络模型的江苏省区域金融风险预测研究［J］. 经营与管理，2021（5）：168－172.

［101］黄秀秀，曹前进. 贷款集中度对银行风险承担行为的影响——来自中国上市银行的经验证据［J］. 金融论坛，2014（11）：9－14，79.

［102］黄越. 民间借贷危机的成因及治理对策——以温州民间借贷为例

[J]. 常州大学学报（社会科学版），2012（1）：42－45.

[103] 黄朱文，黄丽鲱. 区域金融风险监测预警机制研究 [J]. 青海金融，2017（12）：33－37.

[104] 霍再强，王少波. 区域金融风险 FEPI 指数方法与应用 [M]. 首都经济贸易大学出版社，2020.

[105] 贾拓，姚金楼，王承萍. 区域系统性金融风险的识别与防范——以泰州为例 [J]. 上海金融，2012（12）：106－111，127.

[106] 姜海军，杨捷. 我国商业银行发展投资银行业务情况及模式分析——基于对五家商业银行调研的基础上 [J]. 浙江金融，2008（5）：33－34.

[107] 姜建华，秦志宏. 非均衡发展格局下的区域金融风险与宏观金融运行 [J]. 国际金融研究，1999（9）：44－50.

[108] 蒋海，黄敏. 负债结构对银行风险承担的影响——基于中国上市银行的实证研究 [J]. 国际金融研究，2017（7）：54－65.

[109] 金鹏辉，王营，张立光. 稳增长条件下的金融摩擦与杠杆治理 [J]. 金融研究，2017（4）：78－94.

[110] 李飞. 区域金融稳定及其预警问题研究 [M]. 中国经济出版社，2018.

[111] 李国光. 当代中国民商审判史上的经典之作——为广东法院成功审结广东国投破产案2周年而作 [J]. 人民司法，2005（3）：102－104.

[112] 李嘉晓，秦宏，罗剑朝. 论区域金融风险的防范与化解 [J]. 商业研究，2006（19）：21－25.

[113] 李玲. 永煤控股遭证监会行政处罚 [N]. 中国能源报 2021－8－9（15）.

[114] 李文丰，尹久. 浅析区域金融风险的产生机理 [J]. 银行家，2013（12）：56－59.

[115] 李扬，王国刚，刘煜辉. 中国城市金融生态环境评价 [M]. 中国金融出版社，2005，2006－2007.

[116] 李詹，刘险峰. 区域金融失衡指数的指标构建框架：文献述评 [J].

文史博览（理论），2013（12）：40-42.

[117] 李正辉，彭浬，谢梦园．区域性系统性金融风险影响因素研究——基于空间面板数据的实证分析［J］．财经理论与实践，2017（1）：36-41.

[118] 林宏山．加强和改进金融服务实体经济发展的思考［J］．福建金融，2012（8）：31-34.

[119] 刘海二，苗文龙．区域性、系统性风险的生成与演化［J］．西南金融，2014（7）：8-11.

[120] 刘林．基于模糊评判方法的区域系统性金融风险预警研究［J］．金融理论与实践，2014（12）：38-40.

[121] 刘少华，张赛萍．民间借贷效应分析与地方政府监管途径选择——以温州“民间借贷危机”为例［J］．财经理论与实践，2013（1）：11-15.

[122] 刘锡良，董青马等．防范系统性和区域性金融风险研究——基于金融适度分权的视角［M］．中国金融出版社，2018.

[123] 刘锡良等．中国金融国际化中的风险防范与金融安全研究［M］．经济科学出版社，2012.

[124] 刘兴亚．金融支持地方经济转型［J］．中国金融，2018（23）：135-137.

[125] 刘煜辉，张榉成．中国地方政府融资平台分析［J］．银行家，2010（6）：48-52.

[126] 陆岷峰，周军煜．公司治理视角的区域法人银行机构不良贷款形成机理，实证及应对措施研究［J］．金融教育研究，2021（3）：36-44.

[127] 罗晓蕾，张明辉，许尚超．区域性金融风险监测预警体系研究——以河南省区域金融风险为例［J］．金融理论与实践，2018（5）：40-46.

[128] 罗韵轩．基于契约理论的公司治理效应研究［D］．2009，武汉大学.

[129] 马勇，陈雨露．金融杠杆、杠杆波动与经济增长［J］．经济研究，2017（6）：31-45.

[130] 闵剑，朱娇娇．基于证据推理的区域金融风险预警监测模型构建——以湖北省为例［J］．财会通讯，2020（4）：134-138.

［131］牛晓健，崔璨．中国企业担保圈风险传导机制研究——以“河北担保圈”为例［J］．盐城工学院学报（社会科学版），2017（3）：24－32，64.

［132］潘力．温州民间借贷危机的成因及其影响［J］．人民论坛·学术论坛，2012（2）：90－91.

［133］潘长风．区域金融风险防范和化解探索［M］．经济管理出版社，2020.

［134］庞晓波，贺光宇，王超．信贷行为与金融稳定关联性研究［J］．金融论坛，2013（9）：46－52.

［135］彭军娥．区域金融风险预警指标体系研究［D］．湖南大学，2008.

［136］彭俊杰．开辟“金融豫军”服务实体经济“新蓝海”［N］．河南日报，2015－10－16（6）.

［137］彭俞超，倪骁然，沈吉．企业“脱实向虚”与金融市场稳定——基于股价崩盘风险的视角［J］．经济研究，2018（10）：50－66.

［138］钱水土，陈鑫云．农村信用社区域性风险影响因素分析—基于面板数据 Logit 模型［J］．金融研究，2016（9）：115－130.

［139］钱先航，曹廷求，李维安．晋升压力、官员任期与城市商业银行的贷款行为［J］经济研究，2011（12）：72－85.

［140］邱全江，张迪．中国第一破产案：广东国投破产案［J］．国际融资，2003（7）：46－48.

［141］冉光和，蓝震森，李晓龙．农村金融服务、农民收入水平与农村可持续消费［J］．管理世界，2016（10）.

［142］冉敏芳，冉晓东．农村城镇化进程中的农村金融机构组织形式选择［J］．农村经济，2017（11）.

［143］人民银行邢台市中支课题组．征信系统建设与区域金融风险防范研究——以邢台市为例［J］．河北金融，2014（3）：50－52.

［144］任蕾．浅谈区域金融风险差异化的原因及对策［J］．黑龙江金融，2006（6）：6－7.

［145］邵传林．温州式金融危机生成的制度逻辑［J］．当代经济管理，2014

(7): 81 -87.

[146] 沈丽，张影，张好圆．我国金融风险的区域差异及分布动态演进 [J]. 改革，2019 (10): 85 -97.

[147] 石涛．推动“金融豫军”协同服务地方发展 [N]. 河南日报，2015 -3 -4 (9).

[148] 时红秀．地方政府债务出路问题再讨论 [J]. 银行家，2010 (3): 10 -15.

[149] 宋凌峰，叶永刚．中国区域金融风险部门间传递研究 [J]. 管理世界，2011 (9).

[150] 孙立行．开放条件下中国金融风险预警指标体系研究 [J]. 世界经济研究，2012 (12): 30 -37.

[151] 孙中叶，徐晓燕．农业供应链金融风险评估研究——基于 GA -BP 神经网络模型 [J]. 技术经济与管理研究，2021 (8): 78 -82.

[152] 谭余夏．我国区域性金融风险生成机制研究——基于地方政府行为的视角 [D]. 西南财经大学.

[153] 谭中明．区域金融风险预警系统的设计和综合度量 [J]. 软科学，2010，24 (3): 69 -74

[154] 唐晓阳．“广东国投”为何从辉煌走向破产 [J]. 国家行政学院学报，2000 (3): 90 -93.

[155] 田丽娜，马慧峰．内蒙古区域金融风险测度研究 [J]. 北方经济，2020 (7): 69 -72.

[156] 王锦阳，刘锡良．住宅基本价值、泡沫成分与区域溢出效应 [J]. 经济学 (季刊)，2014，13 (4): 1283 -1302.

[157] 王俊，洪正．地方政府金融竞争与区域金融风险——基于博弈视角的理论分析 [J]. 贵州社会科学，2015 (8): 115 -120.

[158] 王俊．基于 ARIMA 与 FSEM 视角的区域系统性金融风险预警研究 [J]. 海南金融，2014 (9): 14 -19.

[159] 王立平，陈瑶．区域金融稳定预警指标体系研究 [J]. 金融理论与

实践，2007（9）：32－34.

［160］王鹏，黄迅．基于Twin－SVM的多分形金融市场风险的智能预警研究［J］．统计研究，2018（2）：3－13.

［161］王擎，刘军，毛锐．杠杆率视角下的区域性金融风险防控［J］．改革，2019（10）：75－84.

［162］王擎，吴玮，黄娟．城市商业银行跨区域经营：信贷扩张、风险水平及银行绩效［J］．金融研究，2012（1）：141－153.

［163］王晓婷，刘爱红，沈沛龙．基于宏观资产负债表的区域金融风险度量与评价研究——以山西省为例［J］．经济问题，2019（2）：91－99.

［164］王永海，章涛．金融创新、审计质量与银行风险承受［J］．会计研究，2014（4）：81－96.

［165］魏国雄．信贷风险管理［M］．中国金融出版社，2008.

［166］魏加宁．地方政府投融资平台的风险何在［J］．中国金融，2010（16）：16－18.

［167］温博慧，唐熙．银行风险承担、高管薪酬与货币政策的信贷传导效率——基于动态非线性效应面板的实证［J］．中央财经大学学报，2016（5）：41－52.

［168］吴海霞，邢春华，孙婵娟．运用信号分析法建立我国的金融风险预警系统［J］．金融论坛，2004，9（6）：51－56.

［169］夏择民，朱康对，朱呈访．信用危机中，社会资本失效了吗？——基于温州中小企业自组织协作融资案例［J］．金融评论，2015（3）：105－113，126.

［170］谢贤芬，王斌会．银行宏观安全状态指数及预警监测分析［J］．数理统计与管理，2017（5）：906－918.

［171］邢越．构建我国金融风险预警系统的研究［J］．海南金融，2005（4）：33－35.

［172］徐诺金．在改革和发展中做好金融风险防范化解工作［J］．征信，2019（6）.

［173］许经勇．剖析浙江温州民间借贷危机的多米诺骨牌现象［J］．学习

论坛，2013 (3)：41 – 43.

[174] 杨帆，卢周来．中国的“特殊利益集团”如何影响地方政府决策——以房地产利益集为例 [J]．管理世界，2010 (6)：65 – 73

[175] 杨继梅，孙继巧，刘丽．区域性金融风险监测及防范研究——以青岛市为例 [J]．青岛科技大学学报（社会科学版），2019 (4)：51 – 57.

[176] 杨亚军．金融审计和区域性金融稳定研讨会综述 [J]．审计研究，2015 (4)：16 – 21.

[177] 杨子晖，陈里璇，陈雨恬．经济政策不确定性与系统性金融风险的跨市场传染——基于非线性网络关联的研究 [J]．经济研究，2020 (1)：65 – 81.

[178] 杨子晖，周颖刚．全球系统性金融风险溢出与外部冲击 [J]．中国社会科学，2018 (12)：70 – 91，201 – 202.

[179] 姚星垣，郭福春．构建浙江省区域金融风险预警体系研究 [J]．浙江金融，2008 (5)：17 – 19.

[180] 叶光亮，邓国营，黎志刚．个人住房贷款行为与房贷调控的有效性分析 [J]．经济研究，2011 (S1)：105 – 115.

[181] 叶志鹏，王蔚，汪莅轩．货币政策、生产投资结构与温州区域性金融危机——基于奥地利商业周期理论的分析视角 [J]．浙江社会科学，2016 (7)：141 – 149.

[182] 易传和，褚彩云．区域金融稳定评价指标体系研究 [J]．金融发展研究，2004 (11)：3 – 6.

[183] 于建忠，田东林．供给侧改革下金融业服务“三农”的路径探析 [J]．宏观经济管理，2017，(3)：70 – 72.

[184] 于尚艳．区域金融风险的成因分析 [J]．吉林省经济管理干部学院学报，2008 (4)：54 – 56.

[185] 于一，何维达．货币政策、信贷质量与银行风险偏好的实证检验 [J]．国际金融研究，2011 (12)：59 – 68

[186] 瑜珈．广东国投公司破产案 [N]．人民法院报 2019 – 7 – 24 (3).

[187] 张安军．金融市场扩大开放下我国省域金融风险综合度量实证分析——

以浙江省为例［J］. 兰州学刊，2019（4）：78－95.

［188］张安军. 中国省域金融风险监测预警机制研究——以浙江省为例［M］. 经济管理出版社，2018.

［189］张凤超. 东北区域金融风险分析［J］. 长白学刊，2009（3）：100－102.

［190］张国云. 地方融资平台：小曲好唱口难开［J］. 金融管理与研究，2011（1）：14－18.

［191］张健华. 区域金融改革与经济转型同步推进［J］. 中国金融，2013（15）：30－32.

［192］张敬思，曹国华. 资本约束、银行风险承担与经济资本——基于中国53家商业银行的经验研究［J］. 国际金融研究，2016（12）：64－73.

［193］张军，金煜. 中国的金融深化和生产率关系的再检测：1987—2001［J］. 经济研究，2005（11）：34－45.

［194］张凯. 稳固壮大"金融豫军"的路径思考［N］. 河南日报，2017－8－25（6）.

［195］张亮. 区域金融风险预警体系设计及应用分析——基于区域银行业视角［J］. 重庆科技学院学报（社会科学版），2013（6）：93－95.

［196］张鹏. 债务契约论［M］. 上海财经大学出版社，2003.

［197］张书成，章莳安. 区域性金融风险的成因及防范对策［J］. 金融与经济，1997（9）：24－26.

［198］张帅. 基于指数法的我国区域金融风险评价及预测［J］. 会计之友，2021（6）：24－32.

［199］张维，董纯. 金融市场与系统性金融风险的时变冲击效应［J］. 福建论坛（人文社会科学版），2019（12）：124－134.

［200］张晓朴. 系统性金融风险研究：演进、成因与监管［J］. 国际金融研究，2010（7）.

［201］张旭，危玮肖. 再看永煤风波——对二级市场的冲击及启示［J］. 中国货币市场，2021（2）.

[202] 张耀平，罗小锋．如何构建我国农村金融风险预警系统 [J]．商业时代，2005 (35)：39 -41.

[203] 张翼．我国地方政府金融管理实绩评价与对策研究 [J]．地方财政研究，2010 (1)：51 -55.

[204] 张翼飞．温州市民间借贷危机给我们的启示 [J]．经济研究导刊，2015 (10)：317 -318.

[205] 张勇，梁燚焱．中央银行是如何应对金融风险的？——基于金融压力的时变参数泰勒规则分析 [J]．经济社会体制比较，2020 (1).

[206] 张志鹏，李曼．江苏区域金融风险评价研究 [J]．大陆桥视野，2021 (5)：39 -41.

[207] 张宗益，刘胤．资本约束、风险承担与银行信贷扩张 [J]．金融论坛，2012 (8)：13 -19.

[208] 郑勇军，叶志鹏，陈宇峰．关系型治理与温州金融危机的再考察 [J]．经济社会体制比较，2015 (2)：83 -93.

[209] 智亚楠．民间借贷危机成因的行为金融学分析——以温州信泰集团为例 [J]．河北企业，2020 (6)：77 -78.

[210] 中国人民银行泰州市中心支行课题组．民间融资与农村金融生态相关问题分析——对兴化市个案的典型调查 [J]．中国金融，2005 (22)：60 -61.

[211] 中国人民银行乌海市中心支行课题组．区域金融风险监测、评估和应对研究——以乌海市区域金融风险为例 [J]．北方金融，2020 (11)：42 -49.

[212] 中泰证券课题组．公司信用债违约风险预警与防范研究 [J]．证券市场导报，2021 (2)：2 -10，18.

[213] 仲彬，刘念，毕顺荣．区域金融风险预警系统的理论与实践探讨 [J]．金融研究，2002 (7)：105 -111.

[214] 周才云．区域金融稳定预警指标体系与风险防范 [J]．商业研究，2006 (4)：146 -148.

[215] 周立．改革期间中国国家财政能力和金融能力的变化 [J]．财贸经济，2003 (4)：44 -51.

[216] 周楠. 造假金额直追康美药业 永煤控股虚增资金861亿 [N]. 第一财经日报2021-8-4 (A03).

[217] 周学东. 中小银行金融风险主要源于公司治理失灵——从接管包商银行看中小银行公司治理的关键 [J]. 中国金融, 2020 (15): 19-21.

[218] 周意珍, 余子华. 信贷投向集中化及其对区域金融生态环境的影响 [J]. 武汉金融, 2007 (1): 67-68.

[219] 朱波, 马永谈. 行业特征、货币政策与系统性风险——基于"经济金融"关联网络的分析 [J]. 国际金融研究, 2018 (4): 22-32.

[220] 朱衡, 卓志. 保险公司系统重要性识别及其影响因素研究——基于系统性风险敞口与贡献的视角 [J]. 保险研究, 2019 (3): 3-16.

[221] 朱宏春. 从包商银行被接管事件审视中小银行金融风险防控 [J]. 清华金融评论, 2019 (11): 49-50.

[222] 朱翔宇. 商业银行监管之"早期介入"——以包商银行案为切入视角 [J]. 经营与管理, 2021 (2): 71-79.

[223] 朱英姿, 许丹. 官员晋升压力、金融市场化与房价增长 [J]. 金融研究, 2013 (1): 65-78.

[224] 祝继高, 饶品贵, 鲍明明. 股权结构、信贷行为与银行绩效——基于我国城市商业银行的实证研究 [J]. 金融研究, 2012 (12): 31-43.

[225] 子腾. 明确地方金融管理职责: 定位小机构专注于监管 [J]. 国际金融, 2014 (8): 3-5.

[226] 邹积尧, 隋英鹏. 浅议区域性金融风险的防范和化解 [J]. 河北大学成人教育学院学报, 2000, 2 (4): 57-59.

后　记

《区域金融风险度量、预警与防范化解研究》一书，是广州市哲学社会科学发展“十三五”规划2019年度青年学人课题（2019CZQ38）、河南省社科规划项目（2019CJJ071）、河南省自然科学基金项目（212300410326）、河南省社科规划决策咨询项目（2021JC11）、河南省高校哲学社会科学应用研究重大项目（2022－YYZD－02）、河南省教育厅人文社会科学研究一般项目（2021－ZZJH－025）的研究成果，该书从讨论提纲、实地调研、查阅资料、访谈咨询、反复修改，到今天终于付梓了。此时此刻，我心中既有完成一件事情的欣慰，更有做事没有尽意的遗憾。

在课题研究和本书撰写出版过程中得到了河南省哲学社会科学规划办公室黄向阳副主任，广东金融学院金融保险学院罗向明院长、江正发副院长、李勇杰副院长，中国财政经济出版社段钢主任、胡永立老师等多位领导、老师的指导和关心，在此深表谢意。本书出版还要感谢课题组的郭荣朝教授、张玲教授、宋双华高级实验师、刘白兰副教授、杨莉博士、刘小强博士等老师，他们参加了课题的设计论证、方案讨论、实地调研和相关研究论文撰写等，在本书的撰写过程中也参考吸纳了他们的研究成果。本书撰写还参考和引用了有关专家学者的许多研究成果，从中吸取了不少有价值的东西，在此谨致诚挚谢意。

本书撰写过程中，在研究水平、对材料的把握等方面都有自己的不足，书中难免会存在许多缺点和不足，敬请各位专家、学者、读者批评指正。

郭　方

2022年3月22日于金田